REMARQUES PRATIQUES

SUR LA

CULTURE DE LA VIGNE

En Beaujolais

PAR

ÉMILE DUPORT

Propriétaire à Saint-Lager (Rhône)

LYON

TYPOGRAPHIE ET LITHOGRAPHIE J. GALLET

2, rue de la Poulaillerie, 2

1881

REMARQUES PRATIQUES

SUR LA

CULTURE DE LA VIGNE

En Beaujolais

PAR

EMILE DUPORT

Propriétaire à Saint-Lager (Rhône)

LYON

TYPOGRAPHIE ET LITHOGRAPHIE J. GALLET

2, rue de la Poulaillerie, 2.

1887

TABLE DES CHAPITRES

CHAPITRE I

Considérations générales

Exposé général et but de cette brochure. — Etat actuel du vignoble Beaujolais. — Culture par vigneronnages. — Avenir possible. — Comment ?

CHAPITRE II

Insecticides

Sulfure de carbone. — Son emploi. — Ses effets. — Sulfate de cuivre. — Son emploi. — Ses effets.

CHAPITRE III

Plants américains

Producteurs directs. — Leurs inconvénients. — Leurs avantages — Jacquez. — Othello. — Divers.

CHAPITRE IV

Plants américains

Porte-greffes. — Leur choix. — Viala. — Riparia. — Solonis. — York. — Pépinières de porte-greffes.

CHAPITRE V

Greffage et Plantations

La greffe. — Opération du greffage. — Pépinières de plants greffés ou mise en place immédiate. — Arrachage et repiquage. — Plantation et culture.

CHAPITRE VI

Engrais

Leur nécessité chaque jour plus grande. — Engrais d'étable. — Engrais chimiques. — Engrais mixtes. La terre et la chimie.

CHAPITRE VII

Des Syndicats

Fonctionnement des syndicats agricoles. — Nécessité de s'y associer. — Avantages qu'ils procurent. — Conclusion.

REMARQUES PRATIQUES
SUR LA
CULTURE DE LA VIGNE
En Beaujolais

CHAPITRE I

Considérations générales

Exposé général et but de cette brochure. — Etat actuel du vignoble beaujolais. — Culture par vigneronnages. — Avenir possible. — Comment ?

Exposé général et but de cette brochure. — Désireux de rendre ce recueil d'observations d'un usage pratique, je l'ai divisé en un petit nombre de chapitres ; sept en tout. En plus de son titre, chaque chapitre porte en tête, comme sous-titres, les divisions principales qu'il comporte. De la sorte, le lecteur trouve de suite le chapitre ou le passage qui l'intéresse.

Les savants viticulteurs du département et leurs lecteurs habituels, s'ils font à cette brochure l'honneur de la parcourir, n'y trouveront rien de bien nouveau, pas même la recommandation habituelle d'un plan exceptionnel ou d'un traitement infaillible. — Si je manque de connaissances théoriques, qu'ils m'excusent en faveur du seul but que je me suis proposé : éviter aux propriétaires et vignerons de répéter, pour leur compte, les expériences plus ou moins heureuses que j'ai faites dans ces dernières années, précisément pour n'avoir eu pour guides que des livres théoriques, sans doute très étudiés et très utiles, mais recevant souvent de la pratique de dures leçons.

Aussi je viens raconter le plus simplement possible, en conservant les expressions locales, le résultat des observations que j'ai faites, soit chez mes voisins, soit chez moi. — Je ne prétends donner aucun conseil ; à plus forte raison je ne recommande aucun fournisseur et je me hâte de dire que je n'ai rien à vendre. — Comme vous, je ne suis qu'un propriétaire vigneron, aimant ma vigne et la voulant défendre.

Mode de culture par vigneronnages. — J'aborde une des plus importantes questions traitées dans cette petite brochure, question qui me tient au cœur, car, selon moi, l'existence du Beaujolais, en tant que vignoble producteur de vins de choix, y est attachée. — Or, je crois que, pour nous, cette question de qualité est une question vitale.

Depuis les dures années que nous traversons en

Beaujolais, j'entends souvent dire par les propriétaires : Puisque nous devons faire de très grands frais pour la défense ou la reconstitution de notre vignoble, il faut modifier notre culture à moitié fruit, dite par vignerons, pour la remplacer par la culture à la charrue, par maîtres valets. Eh bien ! croyez-moi, n'en faites rien. Je n'ai pas fait l'expérience par moi-même ; mais j'ai vu dans mon canton certains propriétaires, alléchés sans doute par un calcul théorique, tenter l'aventure et je crois qu'ils ont peu à s'en louer, quant aux résultats pécuniaires, et, si j'en juge par l'apparence de leurs vignes, ce sera bien autre chose avant longtemps.

Non pas que je prétende que ce mode de culture ne puisse convenir à certains pays, je dirais même à certaines propriétés de notre Beaujolais; mais, dans notre région, c'est l'exception. Il y a pour cela plusieurs raisons.

D'abord avons-nous intérêt à laisser émigrer cette courageuse population de vignerons, qui nous donne un si bel exemple de travail opiniâtre et de foi dans l'avenir de notre sol ? — Elle est trop dense, dira-t-on ; certes, pendant les années de prospérité elle ne l'était pas : la main-d'œuvre manquait ; et, si les espérances conçues se réalisent, elle manquera bien davantage. — Le Midi, notre modèle en bien des points, puisqu'il nous a précédés dans la voie douloureuse du phylloxera, nous montre le danger.

Les populations du Gard et de l'Hérault ont en partie quitté leur sol improductif; et maintenant que se produit là-bas un immense élan pour la reconstitution du vignoble, par les plants américains, le renchérissement de la main-d'œuvre devient un facteur aussi important qu'inattendu.

Pensez aussi à votre organisation par vigneronnages, aux maisons qui resteront inhabitées, aux écuries trop petites ; car ce qui suffisait à l'exploitation par moitié sera inapproprié à l'exploitation par maître valet.

Et la période de transition entre la charrue et la pioche, comment la passer sans trop de frais ? Quand nos vieilles vignes, non encore détruites, demandent la pioche et que les nouvelles veulent déjà la charrue.

Ai-je besoin d'expliquer ce que peut produire de bons effets, la présence continuelle sur une terre de cette moitié de propriétaires, assurément la plus vigneronne de la majorité des propriétaires ! Quelle surveillance vaudra celle de cet associé entendu ? Comment remplacer ces deux bras qui, en dehors des façons réglementaires, cherchent à s'utiliser de toutes les manières et par tous les temps ? Que dis-je, deux bras, c'est quatre que je devrais dire, car les vaillantes compagnes de nos vignerons ouvrent les *darbons* (1) et manient la pioche comme les hommes. Et les enfants, il est bien peu de familles de cultivateurs où ils ne rendent de vrais services dès le plus jeune âge. Pensez à ce qu'est une famille de bons vignerons et dites-moi si jamais un maître valet la peut remplacer

(1) Première façon de la vigne au printemps.

Est-ce au moment où la culture de la vigne demande, pour sa défense, des soins variés et spéciaux que l'on doit multiplier avec l'apparition de nouveaux fléaux ? Est-ce au moment où la reconstitution du vignoble, par des plants étrangers, nécessite une sélection entendue, incessante, est-ce à ce moment qu'il faut remplacer le vigneron, intéressé au résultat, par le maître valet qui n'en a cure ?

Le voudrions-nous, dans la plupart des cas, le terrain s'y refuse. D'abord les *troussées* (1) sont trop petites par suite du morcellement inouï de la propriété. Impossible d'y conduire ce long sillon de charrue, qui seul peut être avantageux. Et nos coteaux de Vaux, Brouilly, Morgon, Fleurie, ne seraient pas déjà si faciles à labourer pour ne parler, que des plus renommés ; car, certes, Beaujeu, Quincié, Marchampt et tant d'autres seraient réfractaires à la charrue. — Sera-ce, du moins, les terres *fortes* du bas Beaujolais, où la propriété, moins divisée, permettra de mettre la charrue. — Mais ces terres et les meilleures sont souvent si *raides*, que deux paires de bœufs suffisent à peine à ouvrir le sillon, alors que la charrue dans les vignes veut, pour épargner le cep, le cheval et non les bœufs.

Enfin, la vigne n'aime pas l'humidité. Or, dans la partie que j'habite, avec un sous-sol argileux qui se rencontre dans la plupart des fonds en Beaujolais, la

---

(1) Petite parcelle de terre généralement bombée au centre pour l'écoulement des eaux pluviales.

culture *en rases* (1) s'impose ; essayez de vous en passer et vous reviendrez vite à ces *rases* que nos anciens ont acceptées comme étant le meilleur drainage.

Que si certains propriétaires ne se trouvent dans aucun de ces cas, qu'ils essaient la culture à la charrue; mais ils sont évidemment peu nombreux; et j'espère que notre vaillante population agricole, après avoir été à la peine, sera encore là tout entière au jour espéré.

Etat actuel du Beaujolais. — On peut dire que notre pays, autrefois si riche, est ruiné, et la lutte qu'il soutient, depuis plus de dix ans, contre la foule des fléaux qui l'assaillent, prouve assez sa richesse passée. — Si le cultivateur Beaujolais, sans récolte ou à peu près, obligé d'arracher sa vigne détruite ou de la défendre à grands frais, ou la replantant, obligé d'attendre pendant 4 ans le produit de ses avances et de sa peine, si ce cultivateur a payé ses impôts toujours lourds, s'il n'a pas quitté son pays, c'est qu'il avait économisé et de l'argent et de l'espoir.

Avenir possible. — C'est, en effet, dans le passé, épuisé comme argent, mais riche d'espérances, que nous devons puiser la force d'entreprendre, sans faiblesse, la tâche énorme de la reconstitution de notre beau vignoble Beaujolais. — La terre, nous

(1) Rases désignent ces fossés ouverts dans les vignes de 5 mètres en 5 mètres.

l'avons; elle est bonne, elle a produit, elle produira encore, peut-être même plus, si c'est possible, et si ce n'est demain, ce peut être après demain. — Notre population si courageuse, si intelligente aux nouveaux procédés de culture, elle est là, prête à nous suivre. A nous de la garder, par quelques sacrifices, et de la conseiller dans ce que sa tâche a de nouveau. — Si nous n'avons pas encore une certitude, l'horizon s'éclaircit, l'expérience des autres nous montre la route; à nous d'y marcher.

Comment ? — Mais en défendant pied à pied nos vignes françaises encore debout, par les insecticides, par l'excellence même de notre culture sans défaillance, afin de vivre et de nous donner le temps de reconstituer nos vignes, sans sacrifices trop lourds, avec les plants américains greffés ou non, suivant les cas. — C'est ce que nous allons examiner dans les chapitres suivants.

CHAPITRE II

Les insecticides

Sulfure de carbone. — Son emploi. — Ses effets. — Sulfate de cuivre. — Son emploi. — Ses effets.

Sulfure de Carbone. — Désireux de simplifier et de ne parler que de ce que j'ai expérimenté, ou vu expérimenter, dans notre région Beaujolaise, je laisse de côté ce grand nombre d'insecticides, plus ou moins préconisés, plus ou moins certains, suivant les prospectus, pour ne parler que du sulfure de carbone, le plus employé et le plus efficace jusqu'à preuve du contraire. Le phosphore m'a bien donné certains résultats, mais le coût du traitement, jusqu'à présent trop élevé, le fait exclure de la culture pratique, la seule qui doive nous occuper.

A la fin du chapitre précédent, nous avons dit que pour atteindre et attendre l'avenir meilleur que nous espérons, il fallait vivre et, pour cela, défendre ce que nous pouvons avoir encore de vignes françaises. Cette vérité est tellement évidente que depuis six ans je consomme, comme tous mes voisins du reste, avec des résultats variables sans doute, mais incontestables, une forte quantité de Sulfure de carbone.

Le mode d'application est trop connu, pour que j'insiste sur le soin extrême qui doit présider à tout traitement par le Sulfure de carbone. Le temps est passé où le vigneron, incrédule et méfiant, jetait à la rivière le Sulfure que le propriétaire prévoyant lui faisait envoyer. Nous ne voyons plus boucher le lendemain les trous faits la veille par le pal injecteur. Ceux qui faisaient ainsi étaient l'exception. Mais bien plus nombreux, étaient ceux qui dosaient mal, bouchaient plus mal encore et surtout enfonçaient trop le pal. C'est une faute que tous nous avons commise; et cependant un peu de réflexion aurait pu nous l'éviter. Le Sulfure à l'état de gaz est plus lourd que l'air, d'où il résulte qu'il tend toujours à descendre dans le sol, l'expérience suivante l'a clairement démontré.

Certain horticulteur, voyant ses pépinières ravagées par les vers blancs, eut l'idée d'employer le Sulfure à leur destruction ; mais plus méfiant que les viticulteurs, il voulut se rendre compte. Il recueillit un certain nombre de ces ennemis, les enfouit à 30 centimètres et faisant traverser au pal 35 centimètres de terrain, fit jouer le piston, qui déposa le Sulfure à 5 centimètre plus bas, que les vers blancs. Ayant découvert la tranchée il trouva ceux-ci indisposés sûrement, mais non crevés. Ayant recommencé l'expérience avec d'autres vers, mais en n'enfonçant cette fois le pal qu'à 10 centimètres, c'est-à-dire le sulfure à 20 centimètres au-dessus des bestioles, au bout d'une demi-heure, il découvrit et trouva tous les vers blancs crevés. C'est une expérience que j'ai répétée, car j'aime voir par moi-même. Il en est une autre bien plus facile: Mettez du Sulfure dans un verre, placez des insectes dans un autre. Au bout de quelques secondes, les gouttes de Sulfure mises dans le premier verre sont volatilisées, mais le Sulfure y est toujours à l'état de gaz; car si vous inclinez le premier verre au-dessus du second, vous voyez les insectes s'agiter, puis périr rapidement. Ceci paraît puéril, mais si, comme moi, vous aviez perdu force peines et force Sulfure à le mettre trop profond, vous jugeriez que la démonstration a son importance.

Mais alors, dira-t-on, pourquoi boucher si rapidement les trous. C'est parce que, tout en étant plus lourd que l'air une fois à l'état de gaz, au moment où de l'état liquide il passe à l'autre état, il a une force d'expansion, qui, ne trouvant pas d'issue entre les parois du trou fait par le pal, le force à s'épandre et à se perdre à la surface du sol.

Un autre fait prouve la nécessité de ne pas enfoncer le pal profondément. J'ai souvent remarqué, sans me rendre compte alors du pourquoi, que lors des premiers traitements faits dans mon vigneronnage de Brouilly, dont les terrains sont très en pente, je réussissais mieux qu'en plaine, quoique procédant de même. C'est que, bien qu'enfoncé trop profondément, le Sulfure, par suite de la pente du sol, se trouvait à bonne profondeur pour atteindre les racines, non du cep traité, mais du cep placé au-dessous.

Il y aurait bien quelque chose à dire sur la qualité du Sulfure, qu'il est urgent de contrôler; car si certains échecs, en terrains propices, sont dus à des fautes dans l'emploi, il en est qui proviennent d'une qualité défectueuse de l'insecticide. Les Syndicats temporaires d'achat de Sulfure ne se sont généralement occupés que d'obtenir des subventions, sans contrôler la qualité. Si les particuliers peuvent difficilement faire procéder à des analyses, les Syndicats agricoles, formés avec plus de stabilité, y pourront pourvoir.

Mais il est temps de passer à son emploi.

Son emploi. — Procurez-vous un pal dosant très exactement, ce qu'il est facile de constater, en mettant, par exemple, 100 grammes d'eau dans le récipiant du pal et donnant vingt coups de piston, pour un réglage à 5 grammes, ce qui doit suffire à l'épuiser. Le pal étant bien réglé, le Sulfure de bonne qualité, il reste à bien surveiller le bouchage immédiat et complet des trous; nous avons dit pourquoi.

Mais il y a d'autres choses à observer et d'abord il ne faut pas sulfurer au moment de l'arrivée de très grands froids, ni quand les terres sont trop mouillées.

Enfin l'époque du traitement qu'il ne faut jamais faire au printemps mais bien plutôt fin juillet et tous premiers jours d'août, surtout dans les terres *fortes*. Dans les terrains vraiment propices au traitement par le Sulfure, cette façon se peut faire en automne avec succès.

Tout ceci bien observé, pouvez-vous compter sur un résultat certain? Hélas non! J'ai eu bien des déboires de ce genre. Et cependant, c'est le seul insecticide que je veuille employer. Rien de variable comme le Sulfure de carbone dans ses effets.

Ses effets. — Avez-vous des terrains très argileux, je crois qu'il vaut mieux garder votre argent que sulfurer; votre terre est-elle très caillouteuse, avec un dessous rocheux ou de grès très dur, gardez encore votre argent, j'ai le regret de ne l'avoir point fait.

Vos vignes sont-elles en terres profondes mais

suffisamment *souples*, sont-elles sablonneuses ou schisteuses, avec un sous-sol perméable, le Sulfure vous donnera des résultats très appréciables. C'est ainsi que, depuis six ans, je défends parfaitement des vignes en semblables terrains, alors que je vois périr celles en terres fortes. Je défends même, si bien les premières, que des taches, très certaines et très visibles il y a 4 ans, ont totalement disparu, dans les parties traitées à temps; et dans les autres, le mal ne s'est pas agrandi. Le malheur est que chez moi, comme dans tout le Beaujolais, la nature du sol change à chaque pas, et les terrains propices à la défense par le Sulfure sont les moins nombreux.

C'est sans doute à cela que le Sulfure doit d'avoir des détracteurs aussi ardents que ses partisans sont convaincus. Disons donc que le Sulfure est actuellement le meilleur insecticide connu, mais que le terrain n'est pas toujours propice.

Enfin, il est une remarque bien décourageante que j'ai dû faire. La grande gelée d'hiver de 1880 avait détruit les 9/10 de mes vignes, le phylloxéra nous cernait, les plants américains étaient à la période d'étude; que faire? Attendre, mais les vignerons ne le pouvaient pas. Je me décidais, encouragé par eux et confiant du reste dans le Sulfure, à replanter en plants français, me disant qu'en les traitant dès la deuxième feuille, je saurai bien les défendre. Là encore, la pratique a tué la théorie; dans tous les terrains qui ne sont pas bien propices au traitement par le Sulfure, je les défends mal, plus mal même que les vieilles vignes en semblables terrains. Je ne tire pas de conclusions, et si je ne regrette rien, parce qu'il n'y avait à ce moment rien autre à faire, et qu'en somme cela me donne à présent le temps de souffler, je pense qu'à moins de terrains très spéciaux, je ne planterai plus de plants français, mais je défends avec énergie ceux que j'ai, jeunes et vieux.

En terminant cette question des effets du Sulfure, il faut que je parle de ce reproche qu'on lui adresse de nuire, soit à la récolte, soit au bois, et d'empoisonner le terrain. Sur les deux premiers points, il est possible qu'appliqué à contre-temps il nuise au bois et au fruit, j'ai même cru le remarquer dans le traitement d'automne, je ne parle pas des traitements de printemps qui sont nuisibles chez moi; mais depuis que je fais sulfurer du 20 juillet au 10 août, je n'ai jamais eu d'accident et, de ce chef, je n'ai jamais vu ma récolte diminuée.

Sur la question du sol, je ne crois pas, pour mon compte, à l'homéopathie en culture; et si certaines vignes traitées semblent demander un complément de traitement à une fumure intensive, ce n'est pas que la terre soit empoisonnée, c'est que la vigne, comme tout convalescent, quand on a la chance de l'amener à cet état, a besoin de soins spéciaux, d'une nourriture fortifiante, de quinquina, pardon de fumier, ou d'engrais, c'est ce dont nous nous occuperons dans un prochain chapitre.

Sulfate de cuivre. — Nommer le remède,

c'est indiquer le mal, ce nouveau fléau de nos vignes, le mildiou, qui, venu d'Amérique, a si vite conquis ses droits de grande naturalisation. — Notre région, atteinte depuis le printemps 1886 seulement, compte déjà par millions les désastres causés, désastres d'autant plus cuisants qu'ils sont venus nous accabler, en pleine lutte contre le phylloxera. Sans refaire l'historique du mildiou en Beaujolais, car nous ne le connaissons tous que trop, qu'il me soit permis de rappeler qu'il semble croître en intensité au lieu de faiblir. Nombre de propriétés épargnées en 1886 ont été ravagées en 1887, et cela, malgré le traitement au sulfate de cuivre, traitement insuffisant, hâtons-nous de le dire.

La dernière invasion, plus tardive que la première, a été plus rapide, plus étendue, plus intense, surtout en plaine, et le mal causé plus profond. — Non seulement les vignes ont vu leurs feuilles tomber en quelques jours, la poussée et la maturité du bois et par suite du fruit s'arrêter en pleine végétation; mais la qualité du vin récolté, dans les régions atteintes, est si inférieure, alors que l'année a été bonne, que toutes les prévisions pessimistes sont dépassées. Ces vins se vendront-ils ? Se garderont-ils sans coupages ? Je crains que non. Et le coupage est une chose que nous n'avons jamais pratiquée jusqu'à ce jour ; avec raison, nous le laissions aux marchands; mais si ceux-ci nous laissent nos vins, il faudra bien y venir. — Le bois a-t-il un *aoutement* suffisant pour la reprise à la greffe ou à la plantation ?

Je le crois, sans rien affirmer ; en tout cas la prochaine récolte ne peut que souffrir de cet état et les formes seront sûrement moins nombreuses dans les localités où le fléau a le plus sévi.

Si je rappelle tous ces désastres, ce n'est point pour me contenter de m'en désoler avec vous, mais pour vous engager à examiner avec moi le meilleur moyen d'en éviter le retour imminent. Le sulfate de cuivre a un effet incontestable et incontesté, quand tout a été bien réglé dans son emploi.

Son emploi. — Là encore, la pratique ne s'est point trouvée d'accord avec la théorie et tous nous avons subi de terribles dommages pour avoir aveuglément suivi les livres et prospectus traitant cette question. — On nous a affirmé que, si nous achetions tel ou tel appareil pour traiter nos vignes, avec un mélange de 2 kilogr. de sulfate de cuivre et 1 kilogr. d'ammoniaque par pièce d'eau, mélange gratifié du nom encourageant d'Eau Céleste, nous verrions les feuilles garder cette belle teinte d'un vert noir, si agréable à l'œil du viticulteur. Déboires sur toute la ligne ! Je n'oserai pas dire que pour nous encourager à acheter les appareils, on a voulu nous montrer le faible coût du traitement. J'aime mieux croire qu'il y a eu erreur de la part de nos conseillers, officiels ou non, car l'affiche blanche elle-même a préconisé ce mélange trop faible. Peut-être aussi trop de rapidité dans l'emploi a-t-il souvent nui aux effets possibles.

En somme, ce sont ceux qui, sans suivre les avis partis de haut et n'ayant cure des craintes exprimées sur l'action toxique dans les vins, ce sont ceux qui, doublant, triplant, et quelquefois quadruplant la dose, ce sont ceux-là qui ont le mieux, qui ont seuls réussi. Cela leur a servi et nous servira, car il est à présent absolument démontré que le sulfate de cuivre est efficace, d'où je conclus que le mode d'emploi seul est à étudier.

D'abord la préparation de l'Eau Céleste est importante. Je commence par supprimer l'ammoniaque dont, bien à tort, l'on m'a fait employer l'été dernier 200 kilogr. en pure perte, puisque ceux qui n'en ont pas mis sont justement ceux qui ont réussi; non pas que l'ammoniaque nuise à l'effet, mais parce qu'ils l'avaient remplacé par une plus forte quantité de sulfate de cuivre. Là était toute la question; d'où l'inutilité de l'ammoniaque qui se peut remplacer, avantageusement et économiquement par une pierre de chaux par pièce d'eau, ce qui donne de la fixité et une coloration blanche très utile pour éviter les erreurs dans l'application sur les feuilles. — Maintenant quelle doit être la proportion de sulfate par pièce d'eau? C'est ce qui nous intéresse et c'est ce qu'il est difficile d'indiquer avec précision; mais il est certain que ceux qui ont mis 6 et 7 kilogr. ont gardé, même après une seule façon, leurs vignes feuillées et que, si le vin récolté en doit être nuisible, ce qui au reste n'est pas, ils ont du moins vu les marchands les acheter avec une plus-value méritée de 30 à 40 fr.

par pièce. Je mettrai donc cette année 6 kilogr. par pièce d'eau, une pierre de chaux et point d'ammoniaque, laissant à d'autres le soin de rechercher si l'on peut réduire cette proportion.

Il est autre chose à surveiller pour ce traitement, c'est l'application. On a inventé une foule d'appareils, la plupart excellents, en tout cas très ingénieux ; je n'aurai garde d'en indiquer aucun, mais il est aisé de se monter convenablement. L'opération se fait vite, trop vite même et c'est là le danger. — Le vigneron, las de toutes les médecines qu'il doit appliquer à sa malade, se hâte de passer une fois entre les chaponnières (1), croyant que quand il a passé dans tout son travail, il a sulfaté. — Oui et non. Oui, s'il a marché lentement en repassant à contre-sens entre les chaponnières; non, s'il a marché vite et dans un seul sens. — Les diverses pompes et pulvérisateurs font un nuage léger, qui se doit déposer sur la feuille et y détruire le mildiou ; or, si vous allez vite beaucoup de feuilles reçoivent trop peu, sans compter qu'en ne passant que dans un sens, beaucoup ne reçoivent rien. C'est sans doute à cette cause qu'il faut attribuer le succès du traitement par la bouillie bordelaise dont beaucoup restent partisans. En effet, l'opération faite au balai est forcément plus lente, de plus la dose de sulfate est triple de celle de l'Eau Céleste préconisée cette année. Je pense donc que, dans la très petite culture, il peut convenir de s'en

(1) La chaponnière désigne une ligne de ceps.

tenir à la bouillie bordelaise proprement dite, car on évite ainsi la dépense d'un appareil et les résultats sont sensiblement égaux, quand on n'a pas à tenir compte de la main-d'œuvre.

Conclusion : il faut marcher posément et passer dans les deux sens.

Autre observation : Ne sulfatez pas au gros du soleil ; si le temps n'est pas couvert, cessez le travail de 10 heures à 4 heures. J'ai vu et j'ai eu des *troussées* de vignes entièrement défeuillées en une seule journée, parce que cette recommandation avait paru inutile à un vigneron plus malin que les autres. Au reste, en été, les heures de travail, même avec ce repos du milieu du jour, sont nombreuses du soleil levé à la nuit complète. — C'est en somme une façon très rapidement enlevée.

Faut-il la répéter plusieurs fois ? La théorie dira oui, mais dans la pratique j'ai vu de mes voisins réussir avec une seule façon, mieux que moi avec deux et trois ; il est vrai qu'ils ne suivaient pas les prescriptions de l'affiche blanche. Le tout est, je crois, de faire la façon au moment opportun et de la répéter, si l'intensité du fléau semble l'exiger. Mais quel est-il ce moment ? Je ne pense pas que personne puisse rien dire de positif à ce sujet ; toutefois je crois que la première façon doit précéder le moment de la fleur, pour prévenir l'invasion toujours très brusque du fléau ; et aussi parce qu'à ce moment, la vigne n'étant pas liée, le traitement atteint mieux toutes les feuilles ; mais alors un second et un troisième traitements deviendront probablement nécessaires, au fur et à mesure de la poussée.

Ses effets. — Est-il bien besoin de vous en entretenir ? N'avons-nous pas vu déjà que bien employé le succès est certain, positif ? Et nul ne me contredira qui aura parcouru notre région avant les vendanges. Les *troussées* sulfatées à doses suffisantes semblaient de véritables oasis dans le désert, et les feuilles bien vertes recouvraient un raisin bien noir. Je veux pourtant ajouter un mot pour détruire cette idée qu'une dose de 5 à 6 kilogr., par pièce d'eau céleste employée, peut causer dans le vin de graves inconvénients. L'autorité, la très prudente autorité, s'en est émue ; elle a fait faire des analyses répétées, dans ses laboratoires, analyses qui ont établi péremptoirement que la quantité de Sulfate de cuivre, par pièce de vin récoltée dans des vignes sulfatées, était si infinitésimale que l'on se pouvait rassurer, d'autant plus que la quantité trouvée était toujours sensiblement la même, que le sulfatage ait été fait à doses plus ou moins fortes, ce qui tendrait à établir, que le raisin en retient une certaine quantité et qu'au-delà il s'en dégage. Quoiqu'il en soit, s'il y avait des inconvénients, ils se seraient sans doute produits depuis déjà plusieurs années que le Bordelais emploie le Sulfate de cuivre. S'arrêter devant cette critique injustifiée serait une faute grave.

CHAPITRE III

Plants américains

Producteurs directs. — Leurs inconvénients. — Leurs avantages. — Jacquez. — Othello. — Divers.

Producteurs directs. — Combien séduisante était cette bonne nouvelle venue des pays du midi : la vigne française est morte, vive la vigne américaine. Depuis 1872, au lendemain de nos désastres militaires, les vignes françaises périssant dans le Gard et dans l'Hérault, quelques tentatives que l'on fit pour les défendre, les viticulteurs de ce pays avaient cherché à les remplacer, par diverses variétés de vignes américaines produisant un raisin mûrissant sous leur climat. Rapidement l'on dut éliminer certaines variétés, peu ou pas résistantes, ou donnant un raisin d'un goût sauvage impropre à faire un vin buvable. Dieu sait pourtant, si, désireux de trouver le plant sauveur, l'on était décidé à être coulant pour la qualité. Un plant parut surnager dans ce naufrage, le Jacquez, il mûrissait; le vin produit, beau en couleur, avait un goût passable surtout pour les palais habitués au vin d'Aramon. Il y eut un grand mouvement d'espoir, et c'est par milliers d'hectares que le nouveau plant fut cultivé. Mais bientôt cet enthousiasme dut se ralentir, non que ce plant ne fut pas résistant, mais le vin produit était difficilement transportable, pour ne pas dire davantage. Enfin les chercheurs avaient eu l'idée de se rabattre sur des plants plus sauvages, également résistants, ne produisant presque pas de raisins, mais susceptibles d'être greffés. La viticulture française avait fait un pas immense; et, pendant plusieurs années, les producteurs directs semblèrent abandonnés par leurs partisans les plus chauds, quand voilà que, depuis 3 ou 4 ans, on y revient, surtout dans notre région, où les difficultés et les échecs du greffage ont découragé nombre de propriétaires. On nous a fort vanté alors l'Othello, le Senasquah et bien d'autres encore. Mais avant de dire ce que chaque variété me paraît valoir, je veux dire auparavant mon sentiment sur les producteurs directs en général.

Leurs inconvénients. — Leur introduction en grand dans le Beaujolais, c'est notre ruine. Je m'explique. Le midi, par la production de vins d'un usage courant, production qui est à la veille de redevenir énorme, par suite de la reconstitution rapide des vignes dans cette région, nous écrasera par sa concurrence sur tous les marchés, à cause du prix de revient relativement bas de ses vins, si nous luttons avec des qualités identiques. Des plaines immenses en terre profonde, un climat béni, l'emploi possible de la charrue, la propriété peu divisée, voilà leur force. Un climat moins constant, des gelées redoutables, la terre morcelée à l'infini, d'une valeur foncière élevée; la nature variée du sol le plus souvent en coteaux exigeant la culture à la pioche, voilà notre point faible si nous cherchons le bas prix de revient; mais c'est notre force si nous engageons la lutte sur la qualité. Est-il besoin d'expliquer que, pour obtenir des vins de choix, le morcellement de la propriété qui permet une culture soignée et dont nous avons l'habitude, l'exposition en coteaux produisant des crus recherchés des amateurs, sont des éléments de succès si nous portons la lutte sur ce terrain.

Leurs avantages. — A présent faut-il bannir absolument les producteurs directs du Beaujolais, je ne le pense pas, car si je suis d'avis que, seule, la qualité doit nous sauver, c'est évidemment là seulement où elle se produisait. Dans le bas Beaujolais, là où l'on récolte des vins inférieurs, là où la propriété, plus en plaine et moins divisée, comporte souvent la culture du blé à côté de la vigne, je pense au contraire que leur propagation est utile. Il est sûr, par exemple, que si j'étais fermier, ayant un fort personnel à nourrir, je n'hésiterai pas à planter, en bonne exposition, quelques coupées (1) de plants directs, pour produire le vin nécessaire à mon usage. Même dans certains terrains producteurs de vins ordinaires, si l'on prend en considération que les plants greffés sont encore d'un revient difficile et coûteux, et qu'il faut ne pas se résigner à l'inaction, il peut convenir pendant un an ou deux de faire une partie de sa

(1) Mesure beaujolaise de 725 mètres carrés.

plantation annuelle, en plants directs; mais ce ne peut être, ce ne doit être, qu'un pis aller provisoire. Encore, faut-il porter une attention raisonnée à leur choix, car sur cette question, les avis se partagent.

Jacquez. — Dans le midi, nous l'avons dit, le Jacquez a donné des résultats très sérieux, le vin produit, beau en couleur, sans goût sauvage, mais un peu vert, se transporte mal, *se casse* (1), d'où son emploi restreint à une consommation locale. Par contre il a des avantages : sa résistance au phylloxéra, la grosseur de son bois, son affinité au greffage; ce qui lui permettrait, tout en étant producteur direct, d'être un porte-greffe excellent, s'il n'était difficile à la reprise des boutures. Il est vrai qu'en ne greffant que sur barbues, cet inconvénient est moindre, car si l'on perd une année, la greffe est par contre plus certaine; et les échecs de reprise, avant le greffage, sont de peu d'importance, vu l'abondance de ce bois.

Il est donc tentant de l'essayer dans les conditions partielles que j'ai indiquées. C'est ce que j'ai fait dans ma propriété de Gleizé, où un coteau, particulièrement sain et bien exposé au midi, me faisait espérer une maturité suffisamment précoce et la possibilité d'éviter l'anthracnose.

Sur le premier point: maturité tardive de ce plant, qui doit le faire écarter de tout terrain en plaine, froid, ou humide; dès la troisième année; c'est-à-dire

(1) Se dit d'un vin qui se trouble.

en 1885, j'avais réussi. La maturité était complète, le vigneron qui cultivait cette vigne était tout à la joie. L'année suivante, une trombe de grêle ravagea cette propriété, de telle façon qu'il fut impossible de juger de la maturité, par cette excellente raison qu'il ne resta pas un raisin. Cette année, revers complet; l'antrachnose avait envahi mes Jacquez dont la production était de ce fait fort diminuée, de plus ils avaient montré, par suite de leur grande végétation, une tendance à *couler* (1). Ce dernier mal pourrait être, je crois, combattu par une taille appropriée, la culture en hautains ou courants par exemple; je l'essaie pour 1888. L'antrachnose paraît bien autrement redoutable; et malgré les traitements recommandés, d'un résultat imparfaitement démontré et, en tous cas, fort coûteux à cause de la main-d'œuvre, je crains fort un échec final.

Une autre cause me fait hésiter à augmenter mes plantations de Jacquez; c'est le rendement en vin.

La vendange est belle, la graine petite, mais le raisin énorme; la production en quantité paraît rémunératrice, en réalité il faut en chiffres ronds la réduire d'un tiers. En effet, si le raisin de pays donne, au cuvage, une moyenne de 200 litres ou kilogr. de vin, pour 300 kilogr. de raisins vendangés, le Jacquez ne donne guère que 150 litres, par suite de la grosseur de sa grappe, de sa pulpe et du nombre de ses pépins.

(1) Au moment de la fleur l'excès de sève empêche la formation de la graine.

En résumé, le Jacquez est un plant qui peut s'essayer dans les conditions indiquées, surtout en considération de sa double qualité de producteur direct et de porte-greffe; mais à mon avis il ne faut le faire que sur une échelle modérée.

Othello. — Depuis trois ans il n'est plus question d'autre plant direct. Le prix s'en est élevé jusqu'à 300 fr. et plus, dépassant ainsi celui des greffes soudées. N'y a-t-il pas là un de ces engouements de la foule profitable aux chefs, à ceux qui la conduisent, mais nuisible à elle-même ? L'avenir décidera. Peut-être même commence-t-il à parler. Je pense que les propagateurs de ce plant ont été de bonne foi, en le préconisant comme le sauveur; mais leur jugement a pu se trouver involontairement faussé par leurs intérêts. Quoiqu'il en soit, le vin d'Othello est, pour moi, inférieur à celui du Jacquez. La résistance de ce plant n'est rien moins que démontrée, surtout en grande culture où il est encore jeune, et c'est là seulement que cette question se peut juger. Je dois signaler aussi, pour éviter toute surprise, que le traitement au soufre, comme dans l'oïdium, fait tomber toutes ses feuilles en vingt-quatre heures. Enfin peut-il facilement se greffer, je n'en sais rien ne l'ayant pas essayé. Il est certain, toutefois, que ceux qui le paient le prix élevé qu'on en demande et qui le plantent en grand, comme je l'ai vu, sur les coteaux de crus de choix, il est certain que ceux-là sont bien hardis.

Divers. — Si je ne craignais de troubler le viticulteur novice qui veut bien me lire, je pourrai continuer la nomenclature des producteurs directs, car ils sont nombreux. Mais à quoi sert; par leurs mérites et leurs défauts, ils se valent, et ceux que j'ai cités sont les plus répandus; si on veut tenter un essai, inutile d'examiner entre vingt variétés différentes. Je veux toutefois dire encore un mot du Senasquah et du Cornucopia, qui, à mon avis valent autant que leur célèbre rival, le vin produit surtout par le Cornucopia est franchement meilleur, sans goût foxé, quoique très acide et se rappochant d'un vin de plaine de notre région; sa résistance depuis dix ans que je l'ai, n'a pas fléchi, j'ignore l'avenir. Sa végétation est magnifique, il a par suite tendance à *couler,* le raisin est petit, il produit donc moins; enfin, autre inconvénient qui m'empêche de lui donner une meilleure place, il est encore très peu répandu et, par suite, difficile à se procurer. Ce n'est du reste pas ma faute, car pour une fois que j'ai assisté à une séance viticole ! c'était, s'il m'en souvient bien en 1883, à Belleville, j'ai voulu, moi profane, le signaler à la réunion en disant que j'avais depuis six ans un unique pied de Cornucopia, dont les raisins mûrissaient et avaient un goût très franc. Je fus accablé sous les protestations des organisateurs. J'allais, me dit-on, jeter le trouble dans la question; une indication hasardée pouvait avoir les conséquences les plus graves, bref je me tins coi et crus avoir tort. Depuis, les recommandations variées et imprudentes n'ont pas manqué, le trouble en est bien résulté, et à présent que certains ont du bois de Cornucopia à vendre, on commence à en parler comme d'un plant recommandable et surtout achetable.

En terminant, je dois une mention au Delaware qui, très productif en raisins presque blancs, donne un vin rose que je trouve aussi détestable que le goût de ses raisins, et qui sûrement ne peut convenir à notre région.

Faut-il terminer par une conclusion générale :

Soyez prudents et examinez s'il n'y a pas mieux à faire en sauvant la qualité.

CHAPITRE IV

Plants américains

Porte-greffes. — Leur choix. — Viala. — Riparia. — Solonis. — York. — Pépinières de porte-greffes.

Porte-Greffes. — J'ai terminé le précédent chapitre en vous disant soyez prudents, et voilà qu'en commençant celui-ci je suis tenté de vous dire soyez audacieux. Je crois avoir démontré que la lutte n'était possible, en Beaujolais, qu'en s'appuyant sur le maintien de la qualité ; d'où l'obligation, nos vignes françaises, dans la majorité de nos terrains, étant mal défendables par le sulfure, de nous rallier franchement à la vigne américaine greffée.

Connaît-on actuellement bien à fond cette grosse question des porte-greffes ? Assurément non ; mais sans passer pour téméraire, on peut affirmer qu'un grand pas a été fait dans ces dernières années. — Des champs d'expérience, la vigne américaine greffée s'est répandue dans la grande culture avec des résultats variables, mais à coup sûr importants et, je l'affirme, encourageants. — Ne trouvera-t-on pas mieux ? C'est possible et probable ; mais ce que nous avons est bon. — Les vignes greffées seront-elles absolument résistantes ? Ne faudra-t-il pas également les défendre par le sulfure de carbone ? Quand nous serons plus vieux de vingt ans, nous le saurons, mais ce que je sais, c'est qu'elles sont infiniment plus résistantes que les vignes françaises. Ce que je sais, c'est ce que j'ai vu dans le Midi, des vignes greffées vieilles de 10 ans, indemnes ; dans notre Beaujolais, à Morgon et ailleurs, il y en a de cet âge tout aussi indemnes. A Brouilly, à Gleizé, j'en ai de six et sept ans qui se comportent bien, quoique sans avoir été ni sulfurées ni même fumées, alors que des vignes françaises, plantées un an et deux ans après dans les mêmes parcelles de terrain, sont déjà mortes ou mourantes, malgré un traitement annuel au sulfure de carbone et une fumure sérieuse. Concluez.

D'aucuns ont prétendu que le vin produit par les vignes greffées serait mauvais, sans réfléchir que l'abricotier, greffé sur prunier, ne produit pas plus, une prune que la rose, greffée sur un sauvageon, ne manque de parfum; et à ceux qui douteraient encore, j'offrirai volontiers une bouteille de vin produit sur plants greffés, si je ne craignais de voir de prétendus incrédules devenir légion, pour y revenir. Il est certain que les raisins de vignes greffées sont plus beaux, plus nombreux et mûrissent mieux, d'où un vin égal au moins à celui que peut produire une vigne française de même âge. — Je dis mûrit mieux, car l'expérience a démontré que, profitant de la nourriture abondante fournie par ses racines américaines, la partie aérienne française se comportait plus régulièrement.

On avait même cru que les vignes greffées seraient indemnes de mildew, comme le sont les américains non greffés, mais l'invasion si violente de cette année a détruit cet espoir. — Si elles résistent plus longtemps, il est toutefois nécessaire de les sulfater, ce qui prouve une fois de plus que la soudure de la greffe une fois dépassée, nous avons bien un plant français avec ses qualités et ses défauts. — A propos de défaut, on reproche souvent, et avec raison, à nos vins de Beaujolais d'être *gris*, ce qui pour le commerce en rend, malgré leur finesse, la vente difficile. Un cuvage plus prolongé ne remédie pas toujours à ce manque habituel de couleur, sans compter que souvent l'on est obligé de tirer la cuve en hâte, de crainte de la voir *forcer*. — Nos concurrents du Midi ont, sinon la qualité, du moins cette couleur recherchée du commerce; or, je pense que sans nuire à la qualité, nous pouvons obtenir la couleur, en faisant de 5 à 10 0/0 de nos greffes avec des alicantes Bouchet, Henri Bouchet, ou autres plants, de grande coloration, dits *teinturiers* qui, se trouvant mélangés dans nos plantations, suffiront à nous donner la couleur, sans qu'il soit besoin, après la récolte, de songer aux *coupages*.

On dit aussi les vignes greffées ne résistent pas partout, on en a vu fléchir. Mais d'abord il faut constater de quels plants il est question et en quels terrains ils ont été plantés; car il est certain que tous les américains ne sont pas également résistants, ni surtout également recommandables en tout terrain. Ensuite les échecs prétendus ne sont souvent que le résultat d'une erreur; et je vais encore une fois parler de ce qui m'est advenu. Au printemps 1885, je visitai mon vigneronnage de Brouilly et j'éprouvai un vif désappointement que partageait, du reste, mon vigneron. Plusieurs pieds de mes américains greffés poussaient peu ou pas, je m'en désolais fort, quand j'observai que ces quelques pieds périssaient isolément, et non par taches circulaires comme pour le phylloxera; je m'empressai de faire arracher les pieds morts et je constatai que pas un n'avait été greffé. Je fis une enquête et j'appris que le précédent vigneron, pour remplacer les manquants de la première année, n'avait rien trouvé de mieux que de mettre du plant français non greffé.

Combien d'autres causes d'erreur n'existent-elles pas, en dehors de ces fautes grossières plus nombreuses qu'on ne le pense. — Le bois sur lequel on a greffé, surtout dans les premières années, provenait généralement du Midi; et Dieu sait s'il était sérieusement sélectionné. Pour ma part, j'ai planté des Riparia garantis, qui sont des York et des Solonis, et dans telle autre plantation, j'ai jusqu'à deux et trois espèces mélangées, alors qu'on m'avait vendu le bois comme provenant d'une seule. Encore maintenant, à moins d'une exploitation admirablement surveillée, combien d'erreurs peuvent se produire, soit à la taille, soit au greffage, soit à la mise en place, surtout quand les pépinières de porte-greffes contiennent diverses variétés.

J'ai dit que tous les américains n'étaient pas également résistants; d'où la nécessité d'une grande attention dans leur choix.

Leur choix. — Pour simplifier, je ne parlerai que des plus répandus et des plus éprouvés. En dehors du Jacquez, dont j'ai indiqué le double emploi au chapitre des producteurs directs, je me borne à désigner les espèces suivantes: Viala, Riparia, Solonis et York. — Celui qui ne fait pas son métier de la vente du bois américain doit se borner à ces espèces qui, du reste, fournissent d'excellents porte-greffes pour tous les terrains de notre pays.

Viala. — Très décrié dans le Midi, sans doute parce que nul n'est prophète dans son pays, ou plutôt parce que, survenu après les autres, les vendeurs de bois en avaient peu ou pas à vendre, ce plant est très recherché dans notre région. — Examinons d'abord ce qu'il a contre lui. Son origine même, venu d'un semis de Clinton, qui ne sont pas considérés comme résistants, le sera-t-il entièrement? Du Midi, on affirme que le Viala ne résiste pas, je dois dire que je n'en ai pas vu de morts, mais il est positif que chez moi, à Gleizé, en terrain maigre, sans fumure, j'en ai vu de non greffés fléchir au bout de six ans. Avec un peu de soins, ils sont revenus. Je ne connais pas d'exemple constaté et certain de leur non résistance en Beaujolais, où j'en connais par contre de très beaux à Morgon, âgés de 8 ans, dont 6 ans de greffe.

Son origine, qui a fait contester sa résistance absolue, est en même temps la cause de son succès. Provenant d'un semis à demi-français, son affinité avec nos vignes le rend très propre à la greffe, où il donne un résultat double des autres. Chez moi, à part le fait cité de Gleizé, il se comporte également bien en tout terrain; mais les sujets que j'ai sont jeunes et l'influence du sol pourra se faire sentir plus tard. — J'en reparlerai à propos du greffage, mais ce qui prouve bien que de la calomnie il reste toujours quelque chose, c'est que si j'achète des plans greffés, je ne donne pas la préférence aux greffes sur Viala.

Riparia — Le triomphe du Midi, où il a rapporté et rapportera encore beaucoup d'argent. Il y a tellement la confiance des cultivateurs de cette région, que j'ai vu, dans l'Hérault, arracher de jeunes plants de diverses variétés, pour les remplacer par le Riparia. Il passe pour très résistant, et je ne l'ai jamais trouvé en faute que dans les terres blanches, encore n'était-il pas mort. Plus difficile à la reprise, tant à la greffe qu'à la simple bouture, je le crois pourtant appelé à former le gros de notre armée; car, en plus de nombreuses qualités, il a celles d'être très connu, peu couteux et facile à se procurer.

Solonis. — Très précieux en Beaujolais, à cause de nos terrains argileux blancs où, à l'inverse des autres, il se trouve très à son aise. J'en ai qui s'y développent admirablement. Ajoutez à cela que dans les autres terrains il fait honorable figure, ce qui me le ferait préférer au Riparia, un de ses grands parents, car il en a les qualités sans son défaut. — La seule objection c'est qu'il est moins répandu. Cependant on commence à le trouver assez facilement. Je le conseillerai donc volontiers à ceux qui, ne pouvant surveiller leurs cultures très attentivement, désirent un porte-greffe convenable pour tous terrains.

York. — Très vigoureux, d'une grosseur de bois favorable à la greffe, très rustique, il reprend malheureusement chez moi difficilement. — J'en entends cependant dire beaucoup de bien; et j'ai un voisin qui en a obtenu de très bons résultats, en ne greffant que sur bois raciné.

En résumé, avec ces quatre plants, je crois que nous avons les éléments nécessaires à notre reconstitution et c'est parmi eux que doit se trouver le vainqueur, vainqueur qui sera suivi de près par les autres.
— Le choix s'étant porté sur l'une ou sur ces quatre sortes, il faut, pour se ménager un bois sûr et convenable, établir chacun notre ou nos pépinières.

Pépinières de Porte-Greffes. — Il est à présent assez facile de se procurer des sarments américains d'espèces désignées et si, par cas, une erreur s'est glissée, il est facile d'y remédier, une fois la feuille venue, car alors il n'est pas besoin d'être bien expérimenté pour reconnaître les 4 espèces principales. Si vous plantez une ou plusieurs espèces, il est évident qu'il y a avantage à séparer les pépinières, en les appropriant chacune à leur terrain ; mais si vous ne voulez qu'une pépinière, séparez du moins les lignes, ou autrement une fois défeuillées, les variétés sont bien difficiles à reconnaître, si vous n'avez pris la précaution de les contremarquer. Je vous ai dit, que le bois qui m'a été fourni, il y a six et sept ans, s'était trouvé mélangé, or comme je n'ai voulu détruire, ni York, ni Riparia, ni Solonis, ni Viala, là où je les avais ; je dois chaque année en automne, marquer les premiers de blanc, les seconds de rouge, les troisièmes de bleu et les derniers pas du tout.

Je pense aussi que dans beaucoup de terrains du Beaujolais, au moins dans ceux qui sont humides, et afin de faciliter la maturité du bois, je pense qu'il est préférable de placer, à côté de chaque pied, une longue perche, sur laquelle on peut diriger les sarments qui poussent avec d'autant plus de vigueur, qu'en dehors de leur végétation de vignes vierges, je crois indispensable d'ébourgeonner, pour ne laisser que cinq à six sarments, seul moyen d'avoir un bois assez gros pour le greffage, surtout avec de jeunes pieds et avec le Viala toujours. Il y a aussi à ce mode, l'avantage de couper plus facilement les brindilles, inutiles à mesure qu'elles poussent ; enfin le bois étant bien dirigé est plus facile à la taille et surtout au greffage. Une simple échelle double de plâtrier, très légère, permet de suivre les sarments jusqu'au haut des perches.

Je ne disconviens pas que l'on ne puisse se passer de toutes ces précautions, mais il est positif que si celui qui cultive en grand, pour la vente du bois, ne peut les prendre, il n'en est pas de même pour celui qui ne produit que ce qui lui est nécessaire. Je le fais et m'en trouve bien.

Encore un mot sur ces pépinières de porte-greffes pour dire que, trop souvent, confiant dans leur rusticité, on les cultive mal, très mal. A mon avis c'est une faute grave. Produire son bois vite, beau et bon, c'est capital ; or, de bonnes façons, un peu de fumier, une plantation très écartée en bon terrain, me semblent d'un intérêt bien entendu. Et du reste combien en faut-il de ces fameux plants porte-greffes destinés à rester plants non greffés ? Cinquante pieds plantés à 1m50 en tous sens, suffiront, quand ils seront dans leur force, à fournir le bois nécessaire au greffage d'un vigneron devant replanter une moyenne de deux coupées annuellement. Car je prétends, comme conséquence du mode de culture à conserver, que chaque vigneron doit avoir le soin de sa pépinière de porte-greffes, libre au propiétaire d'avoir une pépinière générale, sorte de réserve dont le bois sera donné au vigneron qui, pour une cause quelconque, serait une année à court; mais il faut que le vigneron fasse son bois, comme nous verrons qu'il doit également faire son greffage.

CHAPITRE V

Greffage et Plantation

La greffe. — Opération du greffage. — Pépinières de plants greffés ou mises en place immédiate. — Arrachage et repiquage. — Plantation et culture.

La Greffe. — Rien n'a mieux démontré que chaque pays a besoin d'étudier ce qui lui convient. Dans le midi on greffe sur place avec un succès variable de 80 à 90 % de reprise. Aussi, il y a six ans, lorsque je voulus essayer la greffe chez moi, rien de plus simple, me dis-je; je vais planter du bois américain et je le ferai greffer, moi aussi, comme dans le midi, sur pied bien repris. J'avais compté sans la différence de climat, car malgré les plus grands soins, je n'ai jamais dépassé 60 %, et maintes fois, je suis resté à 10 et 15 %; sans compter que l'année suivante, le succès était encore moindre; le bois étant abîmé par l'insuccès de la première tentative; d'où des vignes si irrégulières, qu'il fallut vite y renoncer. Chez tous mes voisins, le résultat fut le même; on dut chercher autre chose, et l'on en vint à la greffe sur table, qui donne des résultats variables en reprises, mais plus réparables.

Examinons donc cette greffe sur table. D'abord est-elle aussi difficile qu'on le dit ? Le gouvernement, avec raison, a facilité la création d'écoles de greffeurs qui, trouvant chez nos vignerons un grand désir d'apprendre, n'ont pas tardé à produire d'excellents sujets qui eux-mêmes ont instruit leurs voisins ; de telle sorte qu'il est certaine commune, où les vignerons greffent tous, plus ou moins bien encore il est vrai, mais beaucoup très passablement. La démonstration est aujourd'hui faite; qu'en très peu de temps, on peut devenir un greffeur sur table suffisant; et bientôt le cultivateur soigneux n'aura plus besoin du greffeur diplômé.

Donc, l'opération n'est pas si difficile qu'on le croit. Nous verrons qu'elle n'est déjà plus très coûteuse et qu'elle le deviendra moins encore.

Opération du Greffage. — Récoltez-vous tout votre bois, vous êtes dans les avancés et dans les meilleures conditions de réussite; mais combien qui n'en ont point ou pas assez, soit qu'ils n'aient pas de pépinières américaines, soit que celles-ci soient de création trop récente. Il faut donc vous procurer votre bois et, dans ce cas, faire votre possible pour le faire venir directement de chez un grand propriétaire du midi. Si vous n'en connaissez point, adressez-vous à un voisin qui en fasse venir, où à un Syndicat, ils vous renseigneront; autant que possible évitez le marchand de profession. Si vous aviez vu, comme moi, de quelle manière les choses se passent, vous redouteriez d'être trompés sur les plants et surtout de ne recevoir qu'un bois ayant déjà souffert. Cet hiver j'eus l'occasion d'aller recevoir des plants achetés dans le midi; et pendant le cours de ma visite, apprenant que j'étais le voisin d'un propriétaire important du Beaujolais, l'on me fit voir 25.000 sarments de Riparia, préparés pour lui et déposés dans un cuvage ouvert à tous les vents, dans ce pays du vent. Nous étions au 22 février et mon voisin du Beaujolais, homme de précaution, pour avoir son bois plus frais n'en avait demandé l'envoi, par grande vitesse, que pour le 10 mars, pensant, bien entendu, que la taille ne se ferait qu'à ce moment.

Vous voyez par cet exemple s'il faut donner tous nos soins à nos achats de bois, pour éviter semblable accident.

En dehors de la garantie de grosseur au petit

bout, je me trouve fort bien de demander, au lieu de 1 mètre de longueur, 1 mètre 10, ce que l'on m'accorde facilement, et ce qui me permet de trouver toujours 4 et souvent 5 greffes par sarment.

Votre bois acheté ou récolté étant prêt, il est important de le conserver au frais. Chacun a son procédé, et comme ce sont les procédés en usage pour nos chapons français, je me dispense de les rappeler.
— En plus et depuis l'apparition du mildew, il faut veiller au choix des greffons français, qui ne doivent pas provenir de plantiers défeuillés, ils seraient mal aoûtés et par suite impropres. Il va sans dire qu'il faut les prendre sur des vignes vigoureuses, non phylloxérées, bien à fruit et les conserver, selon l'usage, bien frais jusqu'au jour du greffage.

Comme il ne s'agit pas ici d'un cours de greffage, et que, du reste, les greffeurs abondent, je ne décrirai pas l'opération dans ses détails, je me bornerai à rappeler que la greffe anglaise à double fente donne les meilleurs résultats ; la greffe est plus solide et la soudure plus nette. Quand j'aurai appelé votre attention sur la nécessité de donner tous vos soins à la liure, je passerai de suite à la question du coût, moins souvent traitée et pourtant bien intéressante.

Admettons le pire. Vous devez acheter votre bois américain, votre bois français, vous ne savez pas greffer ; par contre, je pense que vous faites votre pépinière de greffés vous-même. A combien vous reviendra votre plant soudé, prêt à repiquer ?

Cette année, j'ai payé 20,000 Riparia de 1^m10

nécessaires à mes greffages 26 fr. le mille emballés gare de départ. J'ajoute 2 fr. de transport par mille, soit 28 fr. Avec cette mesure de 1 mètre 10, je trouve souvent cinq greffes, mais disons seulement quatre et nous aurons un premier coût bien bas de 7 francs le mille.

Le bois français vous coûtera de 6 à 7 fr., longueur de pays, ce qui donne au moins 5 greffons, mettons 1 fr. 50 par mille, nous voilà à 8 fr. 50. Un bon greffeur se paie 7 fr. par jour, y compris sa lieuse, ils vous feront 7 à 800 greffés par jour. Mettons 700, soit 1 fr. le 100, nous voilà à 18 fr. 50 ; ajoutons pour raphia, faux frais et imprévu 1 fr. 50, nous sommes à 20 fr. Admettons à présent que votre pépinière donne un résultat de 25 0/0, ce qui, certes, n'est pas trop brillant. Nous trouvons en multipliant 20 par 4 le prix de 80 fr. les mille barbues soudées, au lieu de 225 à 250 que l'on paie chez les horticulteurs. C'est une belle économie. Sans compter l'avantage qu'il y a à bien connaître l'origine du pied américain et de la tête française

Si vous produisez vous-mêmes votre bois, le prix se trouve ramené aux seuls frais de greffage, c'est-à-dire à 10 fr. le mille, ce qui, pour une réussite de 25 0/0, nous donne le prix de 40 fr. par mille barbues soudées. — Est-ce un prix si énorme qu'il faille ne pas essayer, et si j'ai réussi à déterminer quelques timides ou retardataires, j'estime avoir fait œuvre utile. Enfin, avant peu, chaque cultivateur greffant lui-même et par avance, ce qui sera nécessaire à ses plantations ; la dépense sera nulle. La peine sera grande, il est vrai, mais la production en sera, elle aussi, plus prompte et plus forte.

J'affirme l'exactitude rigoureuse des prix que j'ai indiqués et j'en tiens la preuve à la disposition des incrédules ; mais je ne prétends pas dire que les marchands de plants gagnent toute la différence entre 80 et 225 fr. Ils doivent, en effet, ajouter à leur compte la location du terrain et les frais assez considérables de plantation, culture et arrachage. Toutefois il est certain qu'ils se réservent un fort beau bénéfice ; et le cultivateur ne doit le leur donner que dans le cas où, ayant des terrains prêts à replanter, producteurs d'excellents vins, il peut avoir un avantage à gagner du temps. Quand, à l'avenir, celui qui ne s'organiserait pas pour se suffire, serait un insensé.

Pépinières de plants greffés ou mise en place immédiate. — Si vous êtes convaincus de l'économie qu'il y a à faire soi-même ses greffes, il faut étudier la meilleure manière d'en obtenir la soudure. — Il est bien évident que c'est par la création de pépinières, si vous cherchez seulement la plus forte proportion de reprises ; mais c'est plus discutable, si vous cherchez l'économie d'argent, de temps et de peines ; car alors la mise en place peut avoir des avantages sérieux.

En pépinières, les plants sont mieux soignés, il est

facile de mettre, à peu de frais, dans le terrain où vous les établissez, un engrais chimique qui facilite la reprise et la végétation ; en cas de sécheresse, l'arrosage est moins coûteux; par contre, les plants, étant très serrés, se développent moins ; c'est un terrain perdu pour la culture et des frais de minage spéciaux, sans compter qu'à l'arrachage et au repiquage, vous avez une main-d'œuvre considérable, et que cette double opération, même très soignée, cause un déchet moyen de 10 % dans les reprises ; enfin si vous avez des terrains prêts à replanter et que vous ne vouliez pas faire, la première année, la forte dépense d'acheter des barbues soudées, vous perdez cette année.

En mettant vos greffes directement en place, c'est-à-dire dans le terrain que vous replantez, et à la distance que vous aurez fixée, vous aurez moins de reprises, car elles seront dans un terrain moins préparé, plus coûteux à fumer, souvent moins propice, la surveillance en sera plus difficile, ainsi que l'arrosage, s'il devient nécessaire, mais vous ne perdez point de terrain, vous n'avez pas de frais spéciaux de minage ou de culture, vous utilisez de suite vos terrains reposés, le plant s'y développe souvent mieux, étant plus au large, vous évitez surtout les frais d'arrachage et repiquage, les chances d'insuccès que comportent ces opérations, et vous gagnez largement une année pour tous les plants qui, ayant réussi, ne seront pas à déplacer ; enfin, la main-d'œuvre et les frais de repiquage sont diminués, pour ceux qui sont à remplacer, car ils sont sur place; nous verrons comment.

Je ne suis nullement opposé aux pépinières, je pense même que, dans l'avenir, quand nous aurons pris de l'avance et que nous aurons annuellement moins à replanter, ce sera le mode préférable. Dès à présent même, les deux systèmes ont leurs partisans, et j'applique les deux chez moi, car, dans certains terrains trop froids ou trop humides, et généralement dans les terres argileuses, il ne faut planter que des barbues soudées. — De plus, même dans les propriétés, où le mode de mise en place directe sera adopté, il peut être utile d'avoir une pépinière de réserve, pour compléter les points faibles. Parlons donc des pépinières.

A mon avis, chaque vigneron, un jour venu, doit avoir la sienne et la cultiver. Elle doit être établie en terrain aussi léger et sain que possible, et si c'est sur terrain précédemment en trèfle ou luzerne, le minage doit être fait bien avant l'hiver, pour que la motte se brise. Il sera bon de déposer entre deux terres de l'engrais chimique, de préférence à l'engrais de ferme. — Si la présence de vers blancs est constatée dans ce terrain, il faut sulfurer à forte dose avant de planter.

Je ne décrirai pas le mode de plantation de la pépinière qui se fait généralement à la tranchée à double, à rangs serrés, ou par 4 rangs, suivant l'idée de chacun. Mais ne plantez pas trop tôt. Celui qui plante doit toujours tenir le chapon greffé par la partie américaine. Il doit le placer de façon que la greffe arrase le niveau du sol, ce qui facilite le *sevrage* (1).

La tête du greffon doit être entièrement recouverte de sable ou de terre souple soigneusement butée. Il ne faut pas y ajouter du fumier de ferme qui entretiendrait l'humidité et amènerait la pourriture. L'arrosage doit être modéré, et cesser, à moins de sécheresse exceptionnelle, aussitôt que le bourgeon sort de terre.

Quant à la mise en place immédiate, j'ai eu le tort de l'appliquer au début, d'une manière trop générale, c'est-à-dire en tous terrains. En deux ans j'ai eu la preuve que le système n'a du bon que dans les terres saines et pas trop argileuses. Si on ne tient pas compte de cette observation, on va au devant d'un échec certain, même en prenant toutes les précautions possibles, comme celle de mettre une poignée de sable à chaque chapon. La première année, pensant bien que je ne pouvais espérer une réussite suffisante, en plantant à simple ou à double, j'ai fait planter par mes vignerons dans leurs *minages* (2) en ligne, au piquet à 10 centimètres seulement d'écartement. J'ai eu une réussite de 30 °/₀ et à l'automne, j'ai marqué par un petit échala tous les repris qui, se trouvant à peu près à leur place, pouvaient rester, et pour les autres, les ayant arrachés au printemps, ils se sont

(1) Opération qui consiste à détruire les racines françaises poussées sur le greffon.
(2) Terrains défoncés et préparés pour la plantation.

trouvés tout portés pour remplacer les manquants. L'excédent m'a servi dans de nouveaux *minages*. Ce procédé est séduisant, car il sert de pépinières et constitue de suite la plantation; mais il a l'inconvénient de produire des vignes très régulières dans la longueur, ce qui conviendrait bien pour la culture sur fils de fer, mais irrégulières dans les autres sens, ce qui est un inconvénient pour la culture en quinconce, aussi ai-je modifié ce procédé l'année suivante, ne pouvant installer toutes mes vignes sur fils de fer. J'ai marrelé (1) mes minages comme pour une plantation ordinaire, et j'ai planté à triple, au piquet, aussi rapproché que possible du point exact, mais chaque chapon dans un trou différent; de telle sorte, que si le chapon régulièrement planté vient à manquer et que l'un des deux accolytes prenne, il se trouve à peine à 6 ou 7 centimètres de sa place exacte, ce qui est insignifiant. Si tous les trois ou deux, ont réussi, grâce à la précaution prise de planter chacun dans son trou, il est facile de les arracher, sans déranger celui qui reste et de les employer à resuivre là où aucun des trois n'a repris. Par ce procédé je suis arrivé à avoir des *plantiers* (2), où, dès la première année, une plantation ainsi faite;

---

(1) Faire un entrecroisement de lignes qui sert à désigner la place exacte dans les plantations en quinconce.

(2) Jeunes vignes.

en chapons greffés, non soudés, me donnait 75 à 80 %, en place, la réussite générale n'étant pourtant que de 25 à 28 %. Je complète ce mode de plantation par quelques rangs, plantés serrés, entre les lignes, destinés à servir de réserve, si les réussites doubles et triples ne suffisent pas à resuivre les manquants.

C'est donc sur 75 %, soit les 3/4, que je gagne un an, ce qui a son importance, sans compter que j'économise, pour ceux-ci, les frais d'arrachage, de repiquage et les chances nouvelles de reprises manquées ; enfin le plant non déplacé paraît pousser plus hardiment et donnera dans tous les cas un an d'avance. Le seul inconvénient, c'est que les 25 % à repiquer seront plus malingres que leurs aînés, ce qui est dans toute vigne un inconvénient sérieux, en partie évité par le mode plus répandu de plantation en barbues soudées.

J'ai expliqué le système que j'emploie, ayant encore plus de terres prêtes à replanter que je n'ai de boutures soudées à repiquer, chacun en concluera ce qu'il voudra ; mais, j'ai dit que, plus tard, il fallait que chaque vigneron fît sa pépinière et se mît en mesure d'avoir, chez lui, les greffes soudées nécessaires à sa plantation. C'est là un des arguments les plus puissants en faveur du maintien de la culture par vigneronnage.

Arrachage et repiquage. — Opérations délicates, surtout la seconde, qui, dans la pratique, donne un rude démenti à la théorie.

Que la plantation soit en pépinière ou en place, il faut procéder à l'arrachage avec précaution, choisir le moment où le terrain n'est pas trop mouillé et se méfier, avant tout, du vent qui dessèche rapidement les racines. — En arrachant, ce que chacun fait à sa manière, je ne recommande qu'une chose absolument, toujours prendre la bouture au-dessous de la soudure, comme, du reste, toutes les fois que l'on tient un plant greffé pour quoi que ce soit. On ne doit arracher que ce qu'on peut replanter dans la même journée et même dans la matinée ou la soirée, c'est un des avantages de faire ses greffes chez soi. — Si quelques racines se brisent ou se meurtrissent, ne vous désolez pas trop, car il faudra les couper tout à l'heure.

Il y a 4 ans, j'avais, pour la première fois, quelques pieds soudés à repiquer ; je fis prendre des précautions infinies pour l'arrachage, puis le repiquage. Je fis planter, dès l'automne, en étalant les racines, toutes bien conservées, au fond d'un trou fait à la bêche, recouvrir de terre souple, puis un peu de fumier, enfin de la terre pour bien serrer, le tout selon les prescriptions des livres d'horticulture. Au printemps, j'eus un échec complet. A peine 40 %. poussèrent ! — Depuis je fais arracher avec une certaine précaution, sans doute, pour ne pas briser les racines au *talon*; mais je m'inquiète peu du plus ou moins beau chevelu, car je fais couper toutes les racines à environ 2 centimètres du pied, je fais planter au printemps tout simplement au piquet et j'ai des réussites de 90 à 95 %. — Concluez.

En arrachant, il faut de suite mettre à part les soudures imparfaites, que l'on replante dans ce que j'appellerai l'infirmerie, soit de nouveau en pépinière, soit entre les lignes du plantier, mais pas en place, car si beaucoup reviennent, la reprise en est moins certaine, surtout si la soudure imparfaite est du côté de l'*onglé* supérieur; alors en effet le moindre gravier élargit la fente, l'humidité s'y glisse, le mal devient irréparable. — Une bonne opération chirurgicale consiste à couper franchement cet onglé, qui est généralement sec; car il vaut mieux avoir une plaie franche qui, perdant de la sève, se répare souvent. — Avant de mettre en place, faites donc bien attention que la soudure d'un plant soit parfaite; pour avoir une vigne régulière, il faut surtout éviter les échecs trop nombreux, c'est, du reste, la principale raison d'être des pépinières. Moins importante est la plus ou moins grande poussée, car si la soudure est complète, cela suffit et ce sont souvent les racinés les plus poussés qui sont mal soudés, la sève ayant pris de suite toute sa direction sur un seul côté.

Une dernière observation sur le repiquage. Plantant au piquet, je me trouve très bien de mettre un peu de sable marneux dans chaque trou, l'opération est très vite faite et donne d'excellents résultats, surtout dans les terres fortes ou très caillouteuses. Enfin, il est important que la partie française soit recouverte entièrement de terre souple ou de sable, comme pour la plantation en chapons greffés non racinés. — Le pourquoi de ces deux précautions s'explique, par l'absolue nécessité d'éviter la dessiccation de la sève, avant l'émission de racines nourricières.

Plantation et culture. — Ce long chapitre se terminera par cette importante question. — Etablissons d'abord un principe qui, sans être d'une exactitude mathématique, s'en rapproche beaucoup. Une coupée de vigne cultivée à la méthode beaujolaise, qu'elle soit plantée de 1000 à 1100 pieds ou seulement de 7 à 800, donne sensiblement le même produit. Autrement dit, le rendement en vin n'est pas en rapport exact avec le nombre de pieds de vignes, mais bien plutôt avec l'étendue du sol cultivé en vignes. Nous verrons même que dans le cas de culture sur fils de fer, la proportion peut être en faveur de la plantation raisonnablement écartée. — D'où la conclusion, vu le coût et la difficulté d'avoir des plants soudés, de les planter aussi écartés que le permet la culture à la pioche. Cette distance maximum est, à mon avis, de 1 mètre en tous sens, ce qui permet de faire les *darbons;* au-dessus, cela devient difficile. Certains mettent à 0,80 sur la ligne, mais je ne vois pas d'avantage, pour le produit, à multiplier les pieds, et j'en vois un sérieux à les diminuer, vu leurs prix. Avec un mètre d'écartement, tout mode de culture est possible, sauf la charrue qui ne convient que rarement en Beaujolais, et nous pouvons ouvrir les rases partout où on les ouvrait, cette largeur étant suffisante. Ces *rases*, j'y tiens, car, outre qu'elles assainissent le sol, elles permettent de rejeter les terres sur le point le plus utile, facilitant ainsi l'*enterrage* du fumier et le *bombage* du terrain pour l'écoulement naturel des eaux. Pour avoir absolument le même effet qu'avec nos plantations françaises, il faut ouvrir la *rase* toutes les quatre chaponnières, au lieu de 6 et 7 que nous mettions, suivant les localités.

Dans le cas où l'on voudrait cultiver à la charrue, la plantation devrait se faire beaucoup plus écartée. Je pense également que, dans le cas spécial de culture sur fil de fer, l'écartement peut se porter à 1 mètre 25 ou 1 mètre 50 avec avantage et même plus

Ceci nous conduit à parler de la taille que, jusqu'à preuve du contraire, je suis d'avis de maintenir conforme à nos usages, ce qui n'est pas à dire que si nous étions plus riches, je déconseillerai la culture sur fils et la taille haute, excellente dans bien des cas ; mais nous avons autre chose à faire en grande culture. Que si le petit propriétaire, ou même le grand propriétaire, l'essaie dans sa réserve pour une ou deux troussées, je l'approuverai fort ; il sera très utile de connaître le résultat d'expériences multiples, mais en grande culture ce serait périlleux et coûteux, bien que l'avantage de pouvoir planter plus large doive compenser une partie des frais.

On a reproché aux plants greffés de trop *courrir au bois*; c'est un reproche auquel nos plants français ne sont plus sujets et auquel il est facile de remédier, par une taille un peu plus chargée et des pinçages. Le vigneron soigneux ne s'en plaint pas; et, du reste, cette végétation si belle dans les premières années, devra forcément faiblir bien plus que le nécessaire par l'épuisement naturel du sol, si nous n'y remédions pas par les engrais.

CHAPITRE VI

Engrais

De leur nécessité toujours plus grande. — Engrais d'étable. — Engrais chimiques. — Engrais mixtes. — La terre et la chimie.

De leur nécessité toujours plus grande. — Est-il nécessaire de démontrer que plus une terre est habitée et plus elle doit produire, que plus elle a produit et moins elle produira, d'où la nécessité de lui rendre, par les engrais, les qualités nécessaires à une production constante et progressive. — Autrefois nous demandions moins à la terre qui, moins épuisée, nous donnait davantage. — Dans notre région, les terrains qui en étaient à leurs premières vignes n'étaient pas rares; aujourd'hui presque tous sont à la troisième et quatrième. Or, quand depuis plus d'un siècle, presque deux, une terre donne chaque année les mêmes principes nécessaires à la même culture, car un repos de 3 à 4 ans tous les 40 ans ne peut modifier cette loi, il est impossible que cette terre fournisse en égale quantité les mêmes principes, en ne puisant que dans sa seule richesse; d'où la nécessité des engrais qui, chaque jour, se fait plus grande. Quand, à cette nécessité, vient s'ajouter l'obligation de cultiver une vigne si vigoureuse dans ses racines, qu'elle ne résiste à la destruction que par l'abondance même de sa sève, il est aisé de comprendre qu'il est indispensable de venir en aide à la nature, puisque notre terre ne peut pas se remettre en forêts pour un repos d'un siècle. Quels moyens avons-nous? D'abord l'engrais d'étable.

L'engrais d'étable. — Celui que je préfère à tout autre, parce que son effet, quoique plus lent, est plus constant, ce qui, pour la vigne, a l'immense avantage, outre un entretien continu du sol, de ne pas nous faire perdre la plus grande partie de nos frais, si l'année de fumure se trouve une année de gelée ou de grêle. Aussi, si ce principe absolu en soi « que tout retourne à la terre qui vient de la terre » ne souffrait dans l'usage de nombreux accrocs, je ne demanderai rien de plus.

Faisons-nous du moins nos fumiers d'étable d'une manière intelligente ? Non, mille fois non ! Que de ressources laissons-nous perdre faute d'une fosse à purin ou même simplement d'un bon emplacement pour nos fumiers. — Sont-ils au moins suffisamment travaillés et arrosés ? Tous ceux qui connaissent le Beaujolais répondront.

Avons-nous raison de déposer le fumier dans les vignes seulement sur la terre au lieu de l'enterrer ? Évidemment non ; mais allez donc changer les habitudes de toute une race.

Cette vérité, que la culture en vignes exige plus de fumier que le vignoble, aidé de ses prairies, n'en peut produire, s'est fait sentir depuis longtemps. Si donc vous achetez du fumier, je recommande le fumier de cheval pour les terres argileuses froides, de préférence au fumier d'étable que je réserve aux terres plus légères et perméables. Que du moins le fumier d'étable, qui devient insuffisant chez nous, soit désormais réservé aux vignes. Pour les prés, en effet, on le peut remplacer avantageusement par l'engrais chimique.

Engrais chimique. — Est-ce à dire qu'il ne convient que pour les prairies ? Sûrement non ; mais, par ses qualités et ses défauts, c'est là qu'il donne les résultats les plus certains et les plus rémunérateurs. On reproche à l'engrais chimique de produire son effet immédiatement ; or, pour la prairie, c'est une qualité, car cette récolte étant sujette à moins d'accidents, vous rentrez immédiatement et sûrement dans vos avances. — C'est sur les prés que l'effet me paraît le plus frappant, mais sur la vigne il n'est pas à dédaigner, car, avec la nécessité, chaque jour plus impérieuse, d'augmenter nos fumures en les répétant plus souvent, l'engrais d'étable ne suffirait plus dans notre région.

N'attendez pas que je vous décrive la meilleure composition d'engrais chimique à employer ; outre que c'est chose délicate et encore peu connue, la composition doit évidemment varier suivant les terrains et la culture que vous faites. C'est à vous de vous renseigner, d'abord auprès de gens compétents et indépendants, ensuite et surtout par des essais partiels et multipliés, car la très grande variété des sols en Beaujolais rend généralement l'analyse insuffisante. — Ce que je peux dire toutefois, sans risquer de vous engager à faux, c'est que la cendre de chaux donne d'excellents résultats, dans les terres argileuses qu'elle assainit rapidement et rend plus faciles au travail. Quant à la quantité à mettre, elle varie évidemment suivant la nature de l'argile, mais ne craignez pas d'en mettre largement si vous le pouvez ; l'effet est durable, et avant de replanter en semblables terrains, c'est une dépense qui se retrouve.

Engrais mixte. — N'y aurait-il pas lieu alors de renforcer la richesse de notre fumier d'étable par l'adjonction d'engrais chimique ? Je le pense, et en effet, il serait facile d'étendre, sinon dans l'étable, du moins sur le tas de fumier, quelques kilogs d'engrais à base de potasse ou de phosphate, suivant la nature générale du terrain à fumer ; ce serait une main d'œuvre insignifiante, car ce n'est pas tous les jours, mais bien plutôt tous les mois, qu'en Beaujolais le fumier est sorti de dessous les bêtes. Le fumier, dans ses parties non consumées, emmagasinerait l'engrais rendu soluble à son contact et, une fois dans la terre, ne le rendrait que lentement, avec à peu près les mêmes lois que pour lui-même.

Si, avec un fumier mixte ainsi préparé, on se décidait, en Beaujolais, à ne plus seulement le déposer a la surface, mais à l'enterrer, sinon au pied de chaque cep comme dans le Midi, ce qui serait possible maintenant que nous en aurons 400 de moins à la coupée, si du moins on se décidait à l'enterrer à la tranchée entre les *chaponnières*, l'effet serait doublé ; mais je ne l'espère guère, tant les mauvaises habitudes sont tenaces.

En dehors des vignes et des prairies, les engrais chimiques ont, dans notre pays, une utilité plus large en ce moment. — En Beaujolais, la terre en blé produit une récolte la première année, mais la seconde année il faut chercher autre chose. Or, malheureusement les vignes arrachées ne manquent pas et ne manqueront pas de si tôt, d'où la nécessité de demander au sol des récoltes différentes. Avec les engrais chimiques, les récoltes de blé successives, ou du moins plus rapprochées et sûrement plus productives, deviennent possibles. Une coupée semée en blé donne-t-elle un produit net de 20 fr. Si, en mettant 5 fr. d'engrais, le produit s'élève à 40 fr., les frais de culture restant sensiblement les mêmes, la chose en vaut la peine. De même pour toute autre récolte.

La terre et la chimie. — Nous voyons donc la nécessité des engrais, pour rendre à la terre ce que nous lui prenons en trop grande quantité, nécessité d'où est sortie l'application de la chimie à la terre. — Par elle, nous rendons à la terre ces masses organiques, qui, sorties d'elle, restaient inutilisées depuis des siècles. Enfouies en couches profondes, nous allons les chercher dans leur oubli, pour les mêler à la couche cultivable où, sous l'action vivifiante des éléments, elles rentrent dans le courant de la vie. — Par la chimie, nous apprenons à demander non seulement aux productions organiques proprement dites, mais encore aux couches terrestres en général, ce qui manque à chaque terrain, soit que nous l'ayons appauvri, soit qu'il ne l'aie jamais possédé. Par la chimie, l'agriculture voit son champ d'action si fort étendu qu'elle peut, sans étonnement, envisager l'espoir d'une production plus intense et par suite plus rémunératrice.

On aura remarqué que je n'ai pas cité un seul nom jusqu'ici. Ce n'est pas que plusieurs ne soient venus sous ma plume, j'ai pensé mieux de n'en rien faire. Qu'il me soit permis pourtant de faire une exception, pour rappeler, non sans un légitime orgueil, que mon vénéré père, St-Clair Duport, en se faisant, il y a 40 ans, le premier introducteur et le vulgarisateur de l'emploi de la chaux, dans Saône-et-Loire, fut, par ce fait, l'initiateur pratique de l'application de la chimie à l'agriculture.

Là-bas, les vastes terres qui ne produisaient qu'un maigre seigle, insuffisant à nourrir le cultivateur, sont devenues de superbes champs de trèfles ou de froment, quand ce ne sont pas de gras paturages où, se produit ce beau bétail du Charollais. Cette transformation, c'est la chaux, cette première application de la chimie agricole, qui seule l'a produite. Voilà pourquoi j'ai foi dans la terre et la chimie.

CHAPITRE VII

Des Syndicats

Fonctionnement des syndicats. — Nécessité de s'y associer. — Avantages qu'ils procurent. — Conclusion.

Fonctionnement des Syndicats. — Avant que de parler de leur nécessité et des avantages qu'ils procurent, je veux dire un mot de la simplicité de leur fonctionnement.

Par la loi du 21 mars 1884, l'agriculture dans sa détresse, a reçu une arme de défense, si puissante, que, si elle sait s'en servir, les effets en seront immenses.

Par cette loi, tout individu ayant la qualité professionnelle peut faire partie d'un syndicat. Or, dans notre cas, tout propriétaire cultivant par lui-même ou par autrui, tout fermier, vigneron, horticulteur et généralement toute personne exerçant une profession connexe à l'agriculture, ont la qualité professionelle. Bien plus, on l'acquiert par cela seul qu'on fait partie d'un comice, d'une société agricole quelconque, sans avoir soi-même la qualité professionnelle, et on devient ainsi apte à participer aux avantages des Syndicats agricoles.

Les autres règles, relatives à leur fondation et à leur fonctionnement, sont aussi larges. Le nombre des associés est illimité : L'autorisation du gouvernement est inutile ; les fondateurs, qui peuvent n'être que trois, n'ont d'autres formalités à remplir que le dépôt des statuts, à la mairie du lieu où le Syndicat est établi. Les Syndicats ainsi constitués peuvent, sous le nom d'union, se grouper librement, pour la défense de leurs intérêts.

Enfin les Syndicats professionnels, ont le droit d'ester en justice, peuvent acquérir certains immeubles, constituer entre leurs membres des caisses de secours et de retraite. Ils peuvent librement créer et administrer des offices de renseignements.

Voilà certes une loi libérale ; et nous serions coupables de ne pas en tirer partie.

Est-il donc si difficile en France de trouver, sur le terrain des intérêts matériels, un lien entre gens de même profession, réunis pour la défense commune ?

Vous avez vu que la fondation légale d'un Syndicat

était chose fort simple. Pour fonctionner et produire ses effets, que lui faut-il? Des adhérents, ou mieux, des associés, qui nomment le bureau chargé de l'administrer, fixent les statuts, les cotisations, les prélèvements, tout ce détail d'intérieur, que la loi laisse sagement à notre initiative.

Quand vous aurez jugé des avantages qu'ils procurent, après avoir vu la nécessité d'user de ce droit au Syndicat, nul doute que tout agriculteur réfléchi ne veuille s'associer au Syndicat agricole, le plus voisin de sa résidence.

Nécessité des Syndicats. — J'ai dit que je ne savais, que ce que j'avais vu. Si, près de nous, à Trévoux, par exemple, il existe des Syndicats agricoles d'un fonctionnement régulier et utile, j'ai le regret de n'en n'avoir vu fonctionner aucun dans le Beaujolais, malgré une tentative faite, à mon avis, trop en grand et sans caractère local appréciable en semblable matière. Ce qui n'existait pas encore, existera peut-être demain, aussi vais-je parler de ce que je vois avec les yeux de l'espérance. Un Syndicat régional presque cantonal, dont tous les membres, unis par les mêmes intérêts, sauront exclure, de leurs délibérations, toute pensée étrangère au but qu'ils poursuivent, la défense commune, la lutte pour la vie. Doublement compatriotes puisqu'ils ont, en plus de la qualité de Français, celle de Beaujolais, se connaissant à peu près tous, ils oublieront les luttes du dehors, pour se concerter sur les questions agricoles et ne demander à leurs associés que l'amour du sol.

Ce Syndicat est nécessaire partout, pour la défense des intérêts de l'agriculture trop longtemps méconnus, mais combien plus nécessaire est-il encore dans notre région, où les souffrances se font chaque jour plus vives. Ne voyez-vous pas l'influence de ce Syndicat, uni à d'autres Syndicats, portant à la connaissance des pouvoirs publics, nos plaintes contre l'impôt resté le même sur la vigne redevenue terre. Criante injustice ! Et si elle nous fait crier, il faut qu'on nous entende. La suppression du privilège des bouilleurs de crû, s'ajoutant aux fléaux naturels, ne sera pas le moins nuisible des fléaux. Faut-il aussi rappeler ces traités de commerce basés sur un principe séduisant, comme tant de principes, mais terribles dans leurs effets, si l'application n'en est tempérée par des modifications raisonnées. Ces vins, qui viennent jusque chez nous, ne payant qu'un droit illusoire, nous enlever la vente de nos pauvres récoltes ; faudra-t-il qu'un nouveau traité, signé avec l'Italie, vienne en augmenter l'invasion ? Ce ne doit pas être du moins sans l'énergique protestation de notre agriculture expirante. Les Syndicats sont là, faibles par eux-mêmes, puissants par leur union ; que leurs voix se joignent à celles des agriculteurs de France, et que l'on sache que nous sommes las de souffrir !

Avantages que procurent les Syndicats. —

Mais en plus de cette nécessité, les Syndicats peuvent et doivent nous procurer des avantages particuliers. Ces avantages sont de plusieurs sortes.

En centralisant les renseignements, ils rendront d'immenses services, surtout à ceux qui, retenus loin de leurs propriétés par leurs occupations, ne peuvent en surveiller la culture. Nul ne peut donc dire, pour refuser son adhésion aux Syndicats, je suis ignorant des choses agricoles, ou encore je n'ai pas le temps de m'en occuper, ou bien mes propriétés me donnent si peu de revenus que tout ce que je demande, c'est qu'elles ne me coûtent pas. Tristes raisons, en vérité, qui sont précisément la consécration des avantages du Syndicat. Et, du reste, les cotisations sont-elles si lourdes, variant de 10 francs à 1 franc. Etes-vous magistrat, négociant, militaire ou simplement découragé; ou bien encore êtes-vous un brave cultivateur, convaincu qu'il vaut mieux défendre vos vignes qu'attendre du temps la fin des fléaux, mais plus habile à manier la triandine que la plume; il vous est difficile de commander vous mêmes les plants ou les engrais qui vous sont nécessaires. Est-ce une veuve inhabile à la direction d'une exploitation ? Le Syndicat local est là, plein de vie et de confiance, centralisant pour ses associés tous les renseignements, afin d'éviter les fautes, et cherchant à vous procurer, dans vos achats, la sécurité et l'économie que vous ne pouvez ou ne savez obtenir.

Avez-vous besoin de plants directs, greffés ou non greffés? Sont-ce au contraire des engrais qu'il vous faut? ou bien par le sulfure défendez-vous la retraite? Est-ce le sulfate de cuivre qui vous est nécessaire contre le mildew? Etes-vous fermier? Les semences de froment et de graines fourragères sont pour vous d'une importance énorme! Le Syndicat est là, qui a vérifié la qualité des produits, débattu les prix, étudié le plus sûr moyen de vous obtenir ce double et indispensable avantage. Son union avec les autres Syndicats de France lui a permis d'avoir, pour votre commande restreinte, le prix du gros. Il vous met, sur votre demande, en rapport avec le fournisseur, après vous avoir armé du tarif accepté, et vous faites ensuite votre commande vous-même, vous donnez directement vos ordres pour la livraison et vous restez chargé du paiement ; enfin vous gardez cette chère indépendance à laquelle nous tenons tant, vous la gardez même si complète, que si vous trouvez, en dehors du Syndicat, des conditions qui vous paraissent plus avantageuses, vous en pouvez user, comme de même à toute heure, vous restez libre de vous retirer d'une association qui cesserait de vous plaire. Et si vous êtes sensé, vous refuseriez ces avantages? Vous en faut-il d'autres ?

Vos vins se vendent mal, vos blés ne trouvent au marché qu'un prix dérisoire, comme celui qu'on vous donne de votre bétail. — Avec de l'entente, de nouveaux débouchés se pourraient créer qui, mettant le producteur directement en rapport avec le consommateur, supprimerait l'intermédiaire, diminuerait les frais, comme pour les achats. Actuellement, le producteur c'est vous. — Pourquoi le syndicat n'aurait-il pas un registre, où serait inscrit avec les adresses les produits à vendre ? Voyez-vous un débitant de Lyon, arrivant à votre siège social, désireux d'acheter à un vigneron ou à un propriétaire une bonne petite cuvée. — Il voit de suite où il peut trouver ce qu'il veut, et il s'en vient chez vous traiter son affaire, bien certain, cette fois, d'avoir du vin de raisin, du vin du Beaujolais. Ce qui est vrai pour cela, est vrai pour ceci ; mais c'est abuser de votre complaisance, et nous voici à la conclusion.

Conclusion. — La partie n'est pas perdue, je prétends même que nous devons la gagner, si nous marchons sans hésitation.

Continuons la culture à la pioche par vigneronnages. Plantons, suivant nos besoins, le plant direct, mais surtout le plant greffé. — Défendons énergiquement nos vieilles vignes françaises, elles ont droit à notre reconnaissance. Cultivons comme par le passé, mieux si c'est possible, surtout pour les engrais, pour lesquels nous sommes en retard. Puis, réunissons-nous en syndicats, grands et petits propriétaires, maîtres et vignerons, nos intérêts sont les mêmes; la vigne nous est également chère et avec toutes nos forces réunies, Dieu aidant, marchons à la reconstitution viticole de notre Beaujolais.

Lyon, le 8 décembre 1887.

APPENDICE

Les pages qui précèdent étaient à l'impression, lorsqu'un certain nombre d'agriculteurs, réunis à Lyon le 23 décembre dernier, ont constitué le *Syndicat agricole de Belleville-sur-Saône* ; et nous pensons qu'il n'est pas sans utilité, de signaler à l'attention de nos lecteurs l'existence de ce Syndicat, de leur en faire connaître les statuts, les résultats et les avantages que ses membres en ont déjà retirés (1).

(1) Toutes personnes, ayant qualité à cet effet, peuvent faire partie du Syndicat de Belleville-sur-Saône, alors même qu'elles sont domiciliées hors dudit canton.

Depuis cette création et tout dernièrement, vient de se constituer une autre association, du même genre, établie sur les mêmes bases et régie par les mêmes statuts, sous le nom de SYNDICAT AGRICOLE DU HAUT-BEAUJOLAIS, et sous la présidence de M. de Saint-Pol.

STATUTS

TITRE PREMIER

Constitution du Syndicat.

ARTICLE PREMIER. — Il est formé entre les soussignés et ceux qui adhèreront aux présents statuts, un Syndicat ou Association professionnelle qui sera régi par la loi du 21 mars 1884 et par les dispositions suivantes.

ART. 2. — Cette Association prend le titre de **Syndicat agricole de Belleville-sur-Saône.**

ART. 3. — Son siège est à Saint-Lager, chez M. Emile Duport, à Briante. Sa durée est illimitée, ainsi que le nombre de ses membres, et elle commence du jour du dépôt légal de ses statuts. Ce dépôt, conformément à la loi, sera fait par 3 membres en triple exemplaire à la Mairie de Saint-Lager.

TITRE II

Composition du Syndicat.

ART. 4. — Peuvent faire partie du Syndicat :
1° Les propriétaires de fonds ruraux, les faisant valoir par eux-mêmes ou par autrui ;

2° Les fermiers, vignerons, régisseurs, horticulteurs, pépiniéristes, maraîchers, fabricants d'instruments agricoles, et généralement toutes les personnes exerçant une profession connexe à l'agriculture ;

3° Les Membres des Sociétés agricoles ou Comices et toute personne ayant les qualités professionnelles prescrites par la loi de 1884.

Nul ne peut faire partie du Syndicat comme membre fondateur ou souscripteur s'il n'a été présenté par deux membres et agréé par le bureau à la majorité des membres présents.

Art. 5. — L'Association est composée de Membres fondateurs, souscripteurs et ordinaires.

Les *Membres fondateurs* payeront annuellement et d'avance une souscription de 10 fr.

Les *Membres souscripteurs* payeront annuellement et d'avance une cotisation de 5 fr.

Les *Membres ordinaires* payeront 1 fr.

Les membres fondateurs ont le droit de se libérer de tous payements ultérieurs, par le versement d'une somme de 100 fr. une fois donnée.

Les femmes remplissant la condition professionnelle exigée et aptes à contracter, peuvent faire partie du Syndicat.

Les *Membres fondateurs* et *souscripteurs* prennent seuls part aux assemblées générales.

Art. 6. — Les membres du Syndicat peuvent en tout temps remettre leur démission au Bureau.

L'exclusion peut être prononcée par le Bureau : la

faillite, une condamnation entachant l'honorabilité, le défaut de paiement de la cotisation après une lettre de rappel sont des motifs d'exclusion.

L'exclusion pourra également être prononcée par le Bureau contre tout syndicataire qui aurait indûment fait profiter un tiers non syndicataire des avantages du Syndicat.

Tout membre démissionnaire ou exclu doit sa cotisation pour l'année courante.

TITRE III

Objet du Syndicat.

ART. 7. — Le Syndicat Agricole de Belleville-sur-Saône a pour but :

1° D'associer toutes les personnes désignées à l'art. 4 des présents statuts en usant des droits conférés par la loi du 21 mars 1884 ;

2° De centraliser les demandes d'achats de machines, engrais, insecticides, plants, semences, pailles, fourrages, bétail, etc., etc., de manière à faire profiter ses membres des remises obtenues des fournisseurs en raison de l'importance des commandes ;

3° De favoriser la vente et l'écoulement des produits agricoles ;

4° De provoquer et favoriser les essais de culture, de semences, de plants, d'engrais, de machines et instruments perfectionnés et de tous autres moyens propres à améliorer la production, à faciliter le travail, réduire les prix de revient et augmenter les rendements. Pour cela, le Syndicat publiera ou vulgarisera tous documents utiles aux agriculteurs, fera faire des conférences, et pourra organiser des expositions, distribuer des primes ou récompenses.

Art. 8. — Le Syndicat se constitue comme Agence de renseignements, et avec le but de devenir le mandataire des vendeurs et des acheteurs ; mais il s'interdit toute opération entraînant une responsabilité pécuniaire ; il est donc formellement établi par les présents statuts que les membres du Syndicat n'auront en aucune occasion le pouvoir d'engager pécuniairement la Société. Par suite, ils ne contracteront en vertu de leur gestion aucune obligation personnelle ou solidaire, soit vis-à-vis des syndiqués, soit vis-à-vis des tiers.

Art. 9. — Chaque membre paiera ses achats et le port au comptant en prenant livraison, à moins de conventions personnelles avec les livreurs.

Chaque membre restera directement et exclusivement tenu de ses engagements envers les fournisseurs, sans aucune caution du Syndicat.

Art. 10. — Le Syndicat pourra décider en Assemblée générale, conformément à la loi de 1884, la création d'une caisse de secours mutuels.

Art. 11. — Le Syndicat pourra être uni, par décision de l'Assemblée générale, au Syndicat central des Agriculteurs de France, au Syndicat agricole du département du Rhône ou à tout autre Syndicat ou Union de

Syndicats. Il entretiendra telles relations qui seront utiles avec les Comices du département.

TITRE IV

Administration du Syndicat.

Art. 12. — Le Syndicat est administré et dirigé par un Bureau.

§ I. — *Bureau.*

Art. 13. — Le Bureau est composé d'un Président, de deux Vice-Présidents, d'un Secrétaire, d'un Trésorier, d'un Administrateur délégué et trois Administrateurs ordinaires.

Art. 14. — Le Président fait les convocations, préside les séances, dirige les débats et les travaux de l'Association, ordonnance les dépenses, représente le Syndicat en justice. Sa voix est prépondérante en cas de partage. En cas d'absence, le Vice-Président le plus âgé, le remplace dans toutes ses attributions. Le Secrétaire rédige les procès-verbaux des séances; le Trésorier reçoit les cotisations, encaisse les sommes versées pour les commandes, paie, sur le visa du Président, tous les fournisseurs, établit la situation financière. L'Administrateur délégué est chargé de la correspondance, de rassembler tous renseignements utiles, discuter les prix, etc.

Art. 15. — Le Bureau est élu pour trois ans par les membres fondateurs et souscripteurs au scrutin uninominal et à la majorité absolue des suffrages exprimés. Le vote peut avoir lieu par correspondance. Les membres sortants sont rééligibles.

Lorsqu'un membre du Bureau est décédé ou démissionnaire, il est pourvu à son remplacement par les autres membres du Bureau jusqu'à la prochaine assemblée qui ratifie le choix ou nomme une autre personne dont les pouvoirs expireront dans tous les cas avec ceux de ses collègues membres du Bureau.

§ II. — *Assemblée Générale.*

Art. 16. — Une assemblée générale de tous les membres fondateurs et souscripteurs aura lieu chaque année en octobre. Elle pourra, en outre, être convoquée extraordinairement toutes les fois que le Bureau le jugera nécessaire.

Tout membre du Syndicat ayant droit d'assister à l'Assemblée générale, peut y représenter quatre de ses collègues, pourvu qu'il soit porteur de leur procuration sur papier libre.

Les décisions sont prises à la majorité absolue des membres présents ou représentés.

Les convocations doivent être faites dix jours au moins avant la réunion et indiquer les questions à l'ordre du jour. Le Président peut refuser de mettre aux voix toute question qui n'est pas à l'ordre du jour.

Toute question doit être formulée par écrit et

adressée au Président trois jours pleins avant l'Assemblée générale.

Toute discussion étrangère au but que poursuit le Syndicat est formellement interdite.

Art. 17. — Les fonctions de Président, de Vice-Président, Secrétaire, Trésorier, Administrateur sont gratuites. L'Administateur délégué et le Trésorier peuvent recevoir une indemnité.

TITRE V.

Patrimoine et personnalité du Syndicat.

Art. 18. — Le patrimoine du Syndicat est formé au moyen :

1° Des cotisations annuelles des membres fondateurs, souscripteurs et ordinaires.

2° Des prélèvements partiels et aussi réduits que possible exercés sur les remises concédées par les fournisseurs aux membres du Syndicat;

3° Des dons et legs qui peuvent lui être faits ;

4° Des subventions qui peuvent être accordées ;

Il est administré par le Bureau qui peut choisir un ou plusieurs agents salariés.

Art. 19. — Le Président agit au nom du Syndicat et le représente dans tous les actes de la vie civile.

TITRE VI

Modification des Statuts

Art. 20. — Les présents statuts peuvent être révisés, modifiés ou complétés par l'Assemblée générale. Pour être valable, toute modification devra être approuvée par les deux tiers des membres présents, et elle ne pourra venir en discussion devant l'Assemblée générale qu'après délibération et avis motivé du bureau.

Art. 21. — En cas de dissolution de l'Association, demandée ou motivée par le Bureau, l'Assemblée générale, réunie à cet effet, décidera à la même majorité l'emploi des fonds pouvant rester en caisse.

Art. 22. — Les présents Statuts seront imprimés ; un exemplaire en sera remis à chaque Sociétaire et portera les indications de son nom, la date de son admission et la signature du Président, ce qui, en toute circonstance utile lui servira à établir sa situation de membre du Syndicat.

Lyon, le 23 décembre 1887.

Les demandes devront être adressées à MM.

Emile DUPORT, { à Saint-Lager (Rhône).
Président. { à Lyon, quai d'Occident.

Paul CHARVÉRIAT, { à Quincié (Rhône).
Administ.-délégué { à Lyon, rue Victor-Hugo, 8.

JOMARD { à Belleville-sur-Saône
Trésorier. { (Rhône).

Suivant décision prise à l'Assemblée constitutive du 23 décembre, article 16 des statuts, toute préoccupation étrangère au but agricole du Syndicat est proscrite. Et, de suite, cette sage mesure a reçu une première application. — Le Président a été chargé de notifier, à tous les Maires du canton, l'existence de cette utile association. A cet effet, avis leur a été adressé à chacun, ainsi qu'un exemplaire des statuts.

Le but du Syndicat est, en effet, de venir en aide aux agriculteurs, en groupant leurs efforts communs, sans autre considération que celle de leur profession agricole.

Déjà les résultats obtenus passent toute attente. — A peine créé, le Syndicat agricole de Belleville a vu affluer les ordres confiés à son entremise ; et il a été assez heureux pour procurer de sérieux avantages à ses associés.

C'est ainsi qu'il a acheté plus de soixante mille sarments américains, de diverses longueurs, pour la greffe Des York et des Solonis à 35 francs le mille ; des Riparia à 28 et 26 francs pour 1^m10 de long, soit un premier coût de 6 à 8 francs par mille porte-greffes ; des Viala à 30 francs sur une longueur de 0^m60, soit la parité de 15 francs.

En machines à sulfater, le Syndicat a exécuté plusieurs commandes à 30 francs.

Pour les engrais, il a obtenu les mêmes rabais que le Syndicat des Agriculteurs de France ; et, de plus, il a assuré la sincérité des dosages garantis, en organisant un service d'analyses faites, sous son contrôle, au moment des livraisons.

Ces résultats importants, obtenus en si peu de temps, prouvent combien ces Syndicats sont avantageux pour notre population agricole. Aussi les adhésions viennent-elles, chaque jour, augmenter le nombre des associés et, par suite, accroître leur force.

En dehors de cette sécurité et de cette économie, dans les achats, les Syndicats agricoles ont un rôle d'une bien plus haute importance. En passant par leur intermédiaire, les protestations unanimes des Agriculteurs de France empêcheront, sans doute, l'intérêt des campagnes d'être toujours sacrifié à celui des villes. Le Syndicat de Belleville l'a si bien compris, qu'il a immédiatement chargé son Président de faire parvenir, au Ministre compétent, sa protestation contre le renouvellement projeté du traité de commerce avec l'Italie.

En lisant cette protestation, on pourra juger combien sont importantes les questions soulevées et combien peu, jusqu'à présent, l'on a tenu compte, en haut lieu, des protestations isolées de notre agriculture.

PROTESTATION

Contre le Traité de Commerce avec l'Italie

A Monsieur le Ministre de l'Agriculture et du Commerce, à Paris.

Monsieur le Ministre,

Les Membres du Syndicat agricole de Belleville-sur-Saône, réunis en Assemblée constitutive à la date du 23 décembre, ont voulu que leur premier acte fût une protestation contre le renouvellement projeté du Traité de commerce avec l'Italie, sur les bases anciennes.

En conséquence, le Président du Syndicat a reçu, à l'unanimité des Membres présents, la mission de porter à votre connaissance les motifs de cette protestation.

L'introduction en France par la frontière italienne de vins admis avec un droit insignifiant, bien que titrant 15°90, alors surtout que notre viticulture se débat contre la foule des fléaux naturels qui l'assaillent, constitue pour nous une infériorité d'autant plus nuisible que nos vins nationaux ne titrent que de 8 à 9°.

Le droit élevé, auquel les besoins budgétaires ont fait soumettre la consommation de l'alcool, rend cette introduction de vins étrangers, titrant un haut degré, d'autant plus redoutable à notre production viticole.

Il n'est, certes, pas besoin d'appeler votre sollicitude éclairée sur ce fait, que nombre de ces vins n'entrent avec un degré alcoolique aussi élevé, que grâce à une addition d'alcool de grains, le plus souvent d'origine allemande, dont l'effet toxique sur le consommateur a été souvent signalé par les comités de salubrité publique.

Enfin, si par suite de nécessités croissantes, une loi tendant à la suppression du privilège des bouilleurs de crus doit être présentée aux votes des Chambres, loi contre laquelle nous protestons, dès maintenant, avec l'énergie du désespoir, est-ce à ce moment qu'il convient d'ouvrir, à nouveau, notre frontière de l'Est à l'envahissement de l'alcool étranger?

Faut-il rappeler à votre haute attention les tarifs de pénétration en usage sur nos lignes ferrées, qui permettent aux étrangers de venir disputer à nos maigres produits le débouché naturel de nos marchés de l'intérieur?

Notre Syndicat comprend, en dehors des viticulteurs, un grand nombre d'agriculteurs et d'éleveurs de bestiaux. Ils espèrent que les nouveaux tarifs, tant de Douane que de Pénétration, sauvegarderont leurs intérêts, ce qui leur permettra de retrouver pour la vente de leurs produits, grains, bestiaux, œufs, beurre, fromage, etc., les prix nécessaires à la prospérité de l'agriculture, cette cause première et indispensable de la prospérité nationale que nous désirons par-dessus toute chose.

Nous voulons espérer que notre protestation, s'ajoutant à celles des nombreux et respectables intérêts de l'agriculture française lésés par le projet de renouvellement, rencontrera auprès du Gouvernement, et tout spécialement auprès de M. le Ministre de l'Agriculture et du Commerce, l'appui nécessaire, pour éviter l'injuste retour d'une des principales causes de la détresse agricole.

C'est avec cette confiance, que le Président du Syndicat agricole de Belleville-sur-Saône a l'honneur de vous prier, Monsieur le Ministre, d'accueillir favorablement cette protestation.

Le Président syndic,
EMILE DUPORT.

Il est malheureusement certain que, depuis longtemps, les intérêts de l'agriculture sont sacrifiés, soit dans les traités de commerce, soit dans le tarif général, applicable à tous les pays qui n'ont pas avec nous de traité spécial. Les chambres de commerce, seules écoutées jusqu'à présent, ont fait trop souvent prévaloir des décisions contraires à l'agriculture, sans que les cultivateurs aient pu faire entendre leurs protestations. Aujourd'hui l'expérience est faite. Elle a montré que les intérêts agricoles, aussi respectables assurément que ceux de l'industrie, sont également solidaires avec eux ; et l'on peut croire qu'il en sera tenu compte à l'avenir.

Il est nécessaire, toutefois, que les agriculteurs élèvent la voix à leur tour. Sur la population de la France, ils représentent plus de vingt millions de personnes. Ils ont donc le droit d'être écoutés ; et ils le seront certainement le jour où leur organisation sera complète. Certes, nous en sommes encore très loin ; mais nous sommes sur la voie par la constitution des Syndicats. 206 Syndicats agricoles sont déjà groupés en union à Paris. La même union doit se réaliser, dans chaque département, entre les Syndicats régionaux ; et ceux de ces Syndicats, qui existent dès maintenant, ont la certitude de représenter les vrais intérêts de l'agriculture, en même temps que les intérêts du pays tout entier, lorsqu'ils protestent contre la plupart des clauses qui, soit dans les traités de commerce, soit dans le tarif général des douanes, concernent les produits agricoles.

C'est cette certitude qui fait la force de leurs justes doléances ; c'est elle aussi qui leur donne l'espérance qu'elles seront entendues. Ils ne sollicitent pas une situation privilégiée ; ils demandent seulement que les traités de commerce et le tarif général des douanes leur fassent une situation égale à celle de l'industrie. En le leur accordant, on ne fera qu'un acte de justice et d'équité.

Lyon. — Impr. J. GALLET, rue de la Poulaillerie, 2.